Projektmanagement: Systematisch zum Erfolg

Ein praxisnaher Ratgeber mit zahlreichen Tools, Checklisten und Vorlagen

4. Auflage

Texte: © Marc Opresnik 2017-2023

Umschlag: Malte Mumbeck

Verlag: Opresnik Management Consulting

Reihe: Opresnik Management Guides, Book 48

Druck: Amazon Fulfillment, an Amazon company

ISBN-13 9798376817650

Bibliografische Information der Deutschen Nationalbibliothek

Die Deutsche Nationalbibliothek verzeichnet diese Publikation in der Deutschen Nationalbibliografie; detaillierte bibliografische Daten sind im Internet über http://dnb.d-nb.de abrufbar

Projektmanagement: Systematisch zum Erfolg

Ein praxisnaher Ratgeber mit zahlreichen Tools, Checklisten und Vorlagen

4. Auflage

Marc Oliver Opresnik

Für Charlie, Christine und Simon

Marc Oliver Opresnik

Inhaltsverzeichnis

Einleitung

Was haben die Mondlandung, der Bau eines Großstadtflughafens, eine Weltumseglung, eine Impfkampagne und das Outsourcing von Unternehmensbereichen gemeinsam? Richtig, es handelt sich dabei immer um Projekte – zwar mit höchst unterschiedlichen Rahmenbedingungen und Zielsetzungen aber letztlich doch immer um Projekte.

Die **Ausgangssituation** ist durch **komplexe Herausforderungen** gekennzeichnet:

- schnelle wirtschaftliche Umsetzung von Innovationen erforderlich
- globaler Wettbewerb
- ausgeprägte Kundenorientierung
- wachsendes Anspruchsniveau
- zunehmende Komplexität des unternehmerischen Umfeldes

Um die o.g. Tendenzen berücksichtigen zu können, muss die Planung von Projekten auf allen Ebenen des Unternehmens ansetzen. Es ist in diesem Kontext zweckmäßig, dass Unternehmen ihre **Projekte als Veränderungsprozesse** definieren, die im Rahmen von Projektmanagement durch fach- und funktionsübergreifende Teams realisiert werden.

Projekte sind eine gemeinschaftliche Aufgabe, mit der sich alle Mitglieder des Projektteams identifizieren. Damit sind „**weiche Faktoren**“ (auch „**Soft Skills**“ genannt) wie soziale Kompetenz und die persönliche Qualität der Teammitglieder sowie der Einsatz projektorientierter Führungskonzepte entscheidende Erfolgsfaktoren.

Vor diesem Hintergrund soll der vorliegende Ratgeber Ihnen nicht nur die Methoden und Techniken des klassischen und agilen Projektmanagements vermitteln, sondern auch für die Bedeutung der weichen Erfolgsfaktoren des Projektmanagements sensibilisieren.

Der vorliegende Ratgeber wird Sie dabei unterstützen, jedwedes Projekt generell erfolgreicher abzuschließen – sowohl im Unternehmen als auch im Privatleben.

Bevor Sie jetzt durchstarten, ein letzter, aber wichtiger allgemeiner Hinweis: Dieses Buch verwendet aus Gründen der besseren Lesbarkeit das kürzere, generische Maskulinum. Es wird an dieser Stelle ausdrücklich darauf hingewiesen, dass damit weibliche und nicht-binäre Personen gleichberechtigt gemeint sind und gleichermaßen angesprochen werden.

Die Ratschläge, die dieses Buch Ihnen nahebringt, sind grundsätzlich auf jedes Projekt übertragbar. Der Ratgeber wendet sich damit – unabhängig von Ausbildung, Beruf, Alter und Geschlecht – an alle Personen, die in beruflichen und privaten Situationen Projekte systematisch und erfolgreich umsetzen möchten.

Dieses Buch kann ein echter Wegweiser sein. Wenden Sie die entsprechenden Konzepte und Ratschläge praktisch an! Trainieren Sie Ihre Fähigkeiten! Überall finden sich Gelegenheiten für Projekte: im Geschäft, im Büro, im Verein, in der Familie, an der Schule oder auch in einer Organisation. Als der irisch-britische Dramatiker und Literaturnobelpreisträger *George Bernard Shaw* (1856-1950) gefragt wurde, wie er gelernt habe, so überzeugend und einnehmend zu reden, antwortete er: „Ich habe es auf die gleiche Weise gelernt, wie ich das Schlittschuhlaufen gelernt habe – indem ich mich mit Ausdauer zum Narren machte, bis ich es konnte."

Holen Sie sich durch intensive Lektüre und das Arbeiten mit diesem Buch das erforderliche Rüstzeug für erfolgreiches und systematisches Projektmanagement, wenden Sie es in Ihrem Alltag an, und werden Sie zu einem Projektmanager, der mit Methodenkompetenz und Führungsfähigkeit andere begeistert und Projekte zum Erfolg führt.

Die in dem Buch beschriebenen und abgebildeten **Templates** und **Tools**, welche in angepasster Form von einer Vielzahl von Projektmanagern und Unternehmen eingesetzt werden, können Sie gegen eine geringe Schutzgebühr als Word- (z. B. Projektauftrag, Projektorganisation, Phasenmodell- und Meilensteinplan u. a.) bzw. Excel-Dateien (z. B. Risikoanalyse, Stakeholder-Analyse, Projektkostenplanung und Meilensteintrendanalyse u. a.) als Bundle hier herunterladen:

https://www.opresnik-management-consulting.de/shop/

Sie können auch einfach den nachstehenden QR-Code scannen:

Während der gesamten Zeit des Schreibens gab es nur eine Konstante in meinem Leben: meine Familie. Ohne sie wäre nichts möglich gewesen. Daher widme ich dieses Buch meiner Familie.

Marc Oliver Opresnik

Technische Hochschule Lübeck

April 2023

1. Grundlagen des Klassischen und Agilen Projektmanagements

1.1 Was kennzeichnet ein Projekt?

Projektmanagement umfasst die Anwendung von Wissen, Fähigkeiten, Methoden und Werkzeugen zur Erreichung festgelegter Projektziele.

Ein Projekt kann gemäß der Deutschen Gesellschaft für Normung (DIN 69901) definiert werden als „ein Vorhaben, das im Wesentlichen durch die Einmaligkeit der Bedingungen in ihrer Gesamtheit gekennzeichnet ist, wie z. B. Zielvorgabe, finanzielle, personelle und andere Begrenzungen, Abgrenzung gegenüber anderen Vorhaben, projektspezifische Organisation."

Insbesondere das ausdrücklich erwähnte „wie z. B." zeigt, dass eine wissenschaftlich eindeutige Definition des Begriffes problematisch ist. Es werden sich immer Vorhaben finden lassen, deren Einordnung als „Projekt" oder „Routinevorgang" nicht eindeutig ist. Es können jedoch Merkmale von Projekten definiert werden, welche in nahezu sämtlichen Definitionsversuchen vorkommen.

Merkmale von Projekten sind vor diesem Hintergrund:

- **Komplexität oder Neuartigkeit der Aufgabe**
  - Technologischer Fortschritt („Quantensprung")
  - Komplexität der Systeme oder der Integration
- **Zielvorgabe**
  - Ressourcenziele (Zeit, Kosten, Personal, Infrastruktur)
  - Qualitätsziele
  - definierter Start- und Endtermin
- **Abgrenzung von Regelaufgaben**

- **Risiken**
  - Einhaltung von Zeit- und Ressourcenvorgaben
  - Zielerreichung
  - Praktische Einsetzbarkeit (Wirtschaftlichkeit, Technologischer Wandel)
- **Projektorganisation**

Projekte entsprechen häufig mehreren Merkmalen gleichzeitig, z. B. ein kurzfristiges internes Organisationsprojekt. Jedes Merkmal macht unterschiedliche Herangehens- und Arbeitsweisen notwendig. Deshalb sollten Sie bereits beim Initiieren des Projekts die entsprechenden Merkmale und die damit verbundenen Besonderheiten beachten!

Wesentliche **Aktivitäten** sind in diesem Zusammenhang

- die Identifikation der Anforderungen an das Projekt,
- die Definition und Kommunikation klarer und erreichbarer Projektziele,
- der kontinuierliche Ausgleich zwischen den konkurrierenden Anforderungen
- Qualität, Leistungsumfang, Projektdauer und -kosten,
- der Abgleich der Projektplanung und -durchführung mit den Erwartungen und Befürchtungen aller beteiligten Interessengruppen.

Um diese Aufgaben erfolgreich zu bewältigen benötigen Projektleiter Fähigkeiten in folgenden **Kompetenzfeldern**:

- **Kommunikations- und Führungskompetenz:** Informationsaustausch, Entscheidungen im Team aber auch im Unternehmen durchsetzen können, Entwicklung von Visionen und Strategien, Motivation (nicht nur der Projektmitglieder), Konfliktlösung, Problemlösung

- **Methoden des Projektmanagements:** Zieldefinition, Planung, Ausgleich der konkurrierenden Anforderungen: Qualität, Zeit und Kosten

- **Technisches Fachwissen:** Fachkenntnisse auf dem Gebiet des „Projektgegenstandes" bzw. der entsprechenden Branche

- **Allgemeine Managementtechniken:** Marketing, Einkauf, Controlling, Unternehmensführung etc.

Die Reihenfolge dieser Aufzählung ist dabei bewusst gewählt und stellt eine geeignete Persönlichkeitsstruktur in den Vordergrund. Der Projektleiter muss in der Lage sein, Situationen und Menschen richtig einzuschätzen, auf unvorhergesehene Ereignisse flexibel zu reagieren sowie unter hohem Druck zügig Entscheidungen zu treffen und durchsetzen zu können.

1.2 Die Entwicklung des Projektmanagements

Das Thema Projektmanagement reicht bis zum Altertum und zum Bau der Pyramiden um 2.700 vor Christus zurück. Aus dieser Zeit erhalten sind bereits Dokumentationen zum Fortschritt des Pyramidenbaus und auch Übersichten zu Arbeitslöhnen. Auch wenn es hier weniger um Methoden des Projektmanagements ging, mussten doch tausende von Arbeitern koordiniert werden. Aber auch bei anderen Großprojekten wie der Chinesischen Mauer, den römischen Wehranlagen und dem Eifelturm finden sich detaillierte Ansätze der Standardisierung und Systematisierung.

Das moderne Projektmanagement und entsprechende Projektmanagement-Methoden und -Tools wurden erstmals als reines Planungs- und Steuerungsinstrument in der Luft- und Raumfahrt-Industrie der USA verankert. Beispiele hierfür sind hier die Atlas Rakete, die Atombombe und der Bomber B52. Die Anfänge des modernen Projektmanagements wurden daher sehr stark vom militärischen Auftraggeber in den USA und der NASA geprägt. Dabei ging es der NASA vorwiegend um Grundlagenforschung bei Projektmanagement-Methoden.

Ein breites Publikum für das Thema Methodik wurde erst durch die Übertragung der Methoden des Projektmanagements auf andere Industriezweige wie dem Anlagenbau, Groß- und Sondermaschinenbau erschlossen.

Sowohl in den USA und in der Bundesrepublik waren die Pioniere und Promotoren eines systematischen Managements von Projekten stark „**technokratisch**", d.h. an Instrumenten ausgerichtet.

In den 70er Jahren kam dann die Verbreitung der Projektmanagement-Methoden in den Bereich der nicht-technischen Projekte. Es entstanden mehrere Projektmanagement-Richtungen und Projektmanagement-Methoden mit einer immer stärkeren **Team- und Verhaltensorientierung**. Diese Entwicklungen legten die Betonung zunehmend auf die „weichen Faktoren" und gehen von einem integrativen, also alle Umfeldfaktoren berücksichtigenden Ansatz aus (**externe und interne Integration**).

1.3 Projektarten

Grundsätzlich können **drei Projektarten** unterschieden werden:

- **Investitionsprojekte**: Neubau einer Fabrikhalle, Aufstellung von Produktionsanlagen u. a.
- **Forschungs- und Entwicklungsprojekte**: Entwicklung neuer Produkte, neuer Softwareprogramme u. a.
- **Organisationsprojekte**: Umorganisation eines Betriebes, Einführung von EDV-Systemen u. a.

In Tabelle 1 werden die typischen Merkmale der Projektarten gegenübergestellt (vgl. Abbildung 1).

1.4 Warum systematisches Projektmanagement?

Unternehmen und Organisationen jedweder Branche stehen vor verschärften Wettbewerbsanforderungen, die Märkte sind offener geworden, das

Tempo des Wandels nimmt kontinuierlich zu. Traditionelle Verhaltensmuster, Arbeitsweisen und Denkweisen nach dem Motto „Das haben wir schon immer so gemacht", stoßen an ihre Grenzen.

Abbildung 1: Projektarten und Projektmerkmale

	Investitionsprojekte	F&E-Projekte	Organisationsprojekte
Ziele / Ergebnisse	**Fest**	**Variabel**	**Fest**
	Die Ziele sind klar und fest vorgegeben, z.B. Spannweite und Tragkraft einer Brücke	Das Gesamtziel ist klar definiert, jedoch müssen die Einzelziele (Produktspez.) nach Erreichen von Teilergebnissen neu überdacht werden	Das Ziel einer organisatorischen Verbesserung liegt zwar fest, lässt sich aber nicht so genau quantifizieren wie bei Investitions-Projekten
Termine	**Fest**	**Variabel**	**Fest**
	Der Endtermin ist mit dem Auftraggeber fest vereinbart	Den Endtermin wird zwar vorausberechnet aber häufig aufgrund begrenzter Experten-Kapazitäten verschoben	Der Endtermin wird festgelegt, er ist Basis für die Wirtschaftlichkeitsrechnung, die sich aus der Produktivität der Organisationsmaßnahme ergibt
Ressourcen	**Variabel**	**Fest**	**Fest**
	Die Kapazitäten sind entsprechend dem Projektfortschritt und dem momentanen Bedarf bereitzustellen	In den Fachabteilungen sind Experten nur begrenzt verfügbar, diese Kapazitäten bestimmen den Termin und die Kosten	Die erforderlichen Kapazitäten aus den beteiligten Fachabteilungen werden fest vorgegeben und müssen eingehalten werden
Kosten	**Fest**	**Variabel**	**Fest**
	Die Gesamtkosten sind fest kalkuliert, jedoch ergibt sich der zeitliche Mittelabfluss entsprechend des Projektfortschritts	Die Projektkostenplanung erfolgt häufig über eine Budgetierung, durch den zeitlich variabel Personeneinsatz sind die Gesamtkosten nicht genau planbar	Damit das Wirtschaftlichkeitsziel erreicht wird, sind die Projektkosten unbedingt einzuhalten

Um die bereits in der Einleitung genannten vielfältigen Tendenzen bei Neuentwicklungen sowie Veränderungen berücksichtigen zu können, muss die Planung auf allen Ebenen ansetzen und alle **Stakeholder**, d. h. **Interessengruppen** des Projektes miteinbeziehen und motivieren.

Projektmanagement ist mithin auch ein Führungskonzept, um schnell und zielorientiert auf Veränderungen reagieren zu können.

In der Praxis ergeben sich im Rahmen der Durchführung von Projekten aber diverse **Herausforderungen und Probleme**, welche unterschiedliche Ursachen haben:

- Zunahme der Projektkomplexität: Immer umfangreichere Projekte müssen in immer kürzerer Zeit bewältigt werden.
- Problematik der mangelnden Berücksichtigung der „weichen Erfolgsfaktoren“: Unterschiedliche Menschen müssen geführt werden (Interdisziplinarität der Projekte / (Inter)kulturelle Unterschiede).
- Unklar definierte Ziele: Häufig werden Projektziele unter den Projektverantwortlichen nicht im Konsens vereinbart, was die Akzeptanz und die spätere Kooperationsbereitschaft negativ beeinflusst
- Unklare Projektverantwortlichkeit: Die Festlegung, welche Fachkräfte in welchem Umfang herangezogen werden, welche Befugnisse die Projektleitung hat u.a. Aspekte sind nicht exakt definiert.
- Ungenügende Personalqualifikation: Bei der Personalauswahl wird nicht auf ausreichende Qualifikation und Kapazität geachtet
- Mangelnde Fehlerkultur: Erfahrungen aus vorherigen Projekten werden nicht ausreichend in neue Projekte eingebunden.
- Auswahl der Lieblingsalternative: Für das Erreichen der Ziele gibt es in der Regel mehrere Lösungen; ausgewählt wird jedoch häufig eine Lieblingsalternative.
- Ignorieren von Problemen: Häufig werden Probleme entweder nicht erkannt oder ignoriert. Um einem Problem auszuweichen, werden Berichte entsprechend optimistisch abgefasst.
- Improvisation statt Organisation: Ein Projekt wird gestartet, ohne den Umfang und Ablauf vorher zu planen.

Projekte sind erfolgreich, wenn sie zeitgerecht, im Rahmen eines definierten Budgets und mit messbarem Nutzen vorgenommen werden.

Vor diesem Hintergrund können folgende **Erfolgsfaktoren** im Rahmen von Projektmanagement zur Vermeidung der o.g. Fehler identifiziert werden:

- Klare und widerspruchsfreie Definition von messbaren Zielen

- Erzeugung von mehreren Lösungsalternativen, welche nach objektiven Kriterien bewertet werden
- Festlegung der Kompetenzen und Befugnisse durch die Projektleitung in Abstimmung mit der Geschäftsleitung
- Rekrutierung der besten Mitarbeiter aus den Fachabteilungen und adäquate Motivation zur Kooperation
- Problembewusstsein und entsprechende Kommunikation
- Systematische Planung des Projektumfanges und Ablaufplanung
- Umfassende Projektdokumentation

Es bedarf mithin eines systematischen Projektmanagements, um die oben dargestellten Fehler und Probleme wirksam und nachhaltig zu vermeiden und Projekte erfolgreich umzusetzen.

1.5 Projektumwelt-Analyse und -Management

Projekte sind Organisationen auf Zeit (**temporäre Organisationen**) innerhalb dauerhafter Organisationen und Unternehmen. Diese dauerhaften Organisationen werden auch **Trägerorganisationen** genannt. Es sind in der Hauptsache Unternehmen aber auch Behörden und Not-Profit-Organisationen. Zwischen der temporären Projektorganisation und der Trägerorganisation bestehen **ständige Austauschbeziehungen**. Projekte finden immer in einem spezifischen Umfeld statt, zu dem unter anderem auch die Trägerorganisation zählt. Projekt und Umfeld beeinflussen sich dabei gegenseitig in erheblichem Maße. Bei der Leistungserstellung in Projekten kann das Projektmanagement daher nicht isoliert vom Unternehmen als Trägerorganisation und dem gesamten Umfeld betrachtet werden. Dies ist auch Ausgangspunkt der sogenannten **Systemtheorie,** welche das Erfassen, Verstehen und Ordnen der Beziehungen beinhaltet. Hierzu wird das **System** in seine Elemente zerlegt wodurch auch die Beziehungen der Elemente untereinander sichtbar werden. Betrachtet wird aber immer das umfassende Ganze (= System) damit das Gesamtziel nicht verloren geht. Auf diese Weise sollen sogenannte **Insellösungen** vermieden und ein **ganzheitliches Denken** gefördert werden (vgl. Abbildung 2).

Abbildung 2: System-Umwelt-Modell

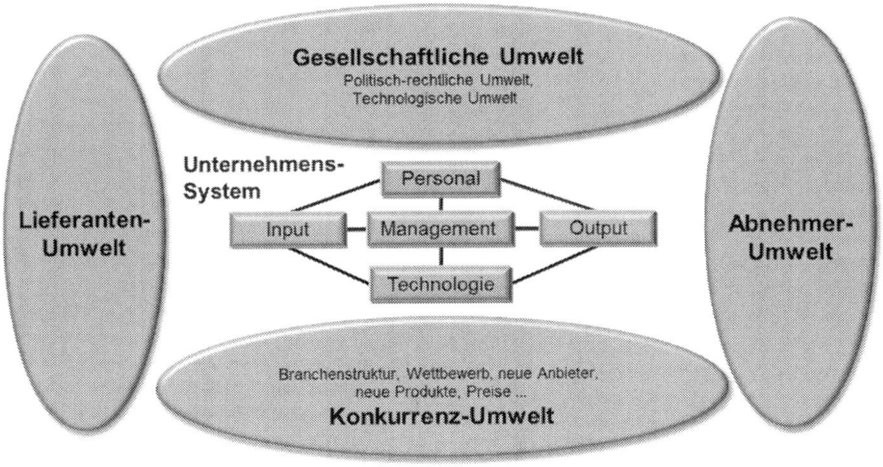

Verschiedene Entwicklungen im Wirtschafts- und Gesellschaftssystem haben dazu geführt, dass diese Verflechtungen von Projekten mit ihrem Umfeld den Projekterfolg zunehmend berühren und entsprechend im Projektmanagement eine stärkere Betonung erfahren.

Vor diesem Hintergrund resultieren folgende **vorbeugende Maßnahmen**:

- Frühzeitige und vorausschauende Betrachtungen des Projektumfeldes (Umfeld-Monitoring)
- Analyse, Planung und aktive Steuerung des Projektumfeldes
- systematisches Risikomanagement: Negative Einflüsse aus dem Projektumfeld und potentielle Konflikte sollen frühzeitig in die Projektplanung einbezogen werden. Neben den potentiellen, negativen Umwelteinflüssen, also Projektrisiken, umfasst die Betrachtung des Projektumfeldes aber auch unterstützende Aspekte (sog. Chancen) aus dem Umfeld.
- aus der reaktive in die aktive Position gegenüber Umwelteinflüssen gelangen.

Eine Schlüsselgröße im Verhältnis von Projekt und Projektumwelt ist das **Projektmarketing**. Dabei geht es darum, die Idee, den Anlass, die Ziele und Lösungswege eines Projektes dem Projektumfeld aktiv darzustellen. Der Projektleiter muss in der Lage sein, jederzeit für sein Projekt zu werben. Im Rahmen des sogenannten **Stakeholder-Managements** muss ständig interne und externe Stakeholder von der Idee und der Notwendigkeit seines Projektes überzeugen. Projekte müssen also stets ihrem Umfeld, d. h. ihren Stakeholdern, aktiv verkauft werden. Innerhalb des Unternehmens bzw. der Trägerorganisation umfasst ein **Projektmarketing** natürlich die bislang dargestellten Aspekte der Information und Kommunikation aus dem Projekt ins Umfeld. Aktives Projektmarketing ist aber besonders zur Behandlung der indirekten und externen Stakeholder notwendig.

Das Projekt kann bei öffentlichkeitswirksamen Vorhaben mit einem intelligenten Projektmarketing die Akzeptanz des Projektes verbessern.

Generell können folgende **Basisstrategien des Projektumwelt-Managements** unterschieden werden:

- **Partizipative Strategien** (Kommunikation, Information oder aktive Beteiligung)
- **Diskursive Strategien** (Konflikte offenlegen und Ausgleich gewähren)
- **Repressive Strategien** (Steuerung des Umfeldes durch Weisung und Vorgaben der Geschäftsführung der Trägerorganisation (Machtpromotor)

1.6 Agiles Projektmanagement

Klassisches Projektmanagement ist gekennzeichnet durch einen plangetriebenen und standardisierten Ansatz. Vor Beginn werden Umfang, Inhalt, Zeitaufwand und Budgetrahmen des Projektes festgelegt und in einem Projektplan festgehalten.

Der Ansatz ist von mehreren linearen Projektabschnitten gekennzeichnet, welche in logisch und zeitlich separate Phasen unterteilt werden. Während des Projektes muss eine Phase zunächst abgeschlossen sein, damit die nächste beginnen kann. Man spricht in diesem Zusammenhang von einer sequentiellen Anordnungsbeziehung.

Entsprechend der Komplexität und Größe können Projekte eine höchst unterschiedliche Anzahl an Phasen haben. Ausgehend von Umfang, Art, Bedeutung und Risiko eines Projektes unterscheidet sich die Anzahl der Projektphasen, sowie deren Formalismus. Der Entwicklungsprozess wird dabei von einigen wenigen Experten beeinflusst.

Diese Form des Projektmanagements eignet sich besonders bei Vorhaben, welche bereits definierte Anforderungen besitzen und bei denen nur wenige Änderungen zu erwarten sind (Kusay-Merkle, 2018).

Agiles Projektmanagement ist in der Literatur nicht einheitlich definiert. Der Begriff „agilitas" kommt aus dem Lateinischen und bedeutet „Beweglichkeit" bzw. „Schnelligkeit". In Bezug auf Management wird „agil" gleichgesetzt mit dynamischen Prozessen, welche flexibel und schnell auf Änderungen reagieren können. In der betrieblichen Praxis wird agiles Projektmanagement oft als Oberbegriff für verschiedene dynamische Methoden verwendet (Angermeier, 2017). Agiles Projektmanagement hat seinen Ursprung in der Softwareentwicklung. Als Alternative zu den eher dokumentationsgetriebenen Ansätzen hat es zum Ziel, flexibel und dynamisch auf Änderungen reagieren zu können. Bei agiler Projektarbeit liegt der Fokus auf dem Endprodukt unter Berücksichtigung einer hohen Kundenorientierung. Das Projektteam wird dabei durch eine **iterative Vorgehensweise** stark mit einbezogen. Stakeholder haben während des gesamten Projektverlaufs Einfluss auf die Anforderungen (Preußig, 2015).

Zusammenfassend kann agiles Projektmanagement als ein iterativer Prozess definiert werden, bei dem das Projektteam über hohe Toleranzen bezüglich Qualität, Umfang, Zeit und Kosten verfügt und bei dem durch die enge Einbindung des Auftraggebers ein permanenter Austausch in Bezug auf Zwischenergebnisse gewährleistet ist wodurch eine Fokussierung auf die Akzeptanz durch den Anwender gelegt wird.

Das **Agile Manifest** (Agile Manifesto) ist die Basis für agiles Projektmanagement und wurde 2001 unter dem Namen „Manifesto for Agile Software Development" von Kent Beck, Ken Schwaber, Jeff Sutherland, Alistair Cockburn und 13 weiteren Autoren veröffentlicht.

Das agile Manifest umfasst **vier Kernaussagen**:

- Individuen und Interaktionen stehen über Prozessen und Werkzeugen
- Funktionierende Software steht über umfassender Dokumentation
- Zusammenarbeit mit dem Kunden steht über der Vertragsverhandlung
- Eingehen auf Veränderung steht über dem Befolgen eines Plans

Das **Agile Mindset** basiert auf dem Agilen Manifest und ist ein Bündel (Set) von Sichtweisen, das es ermöglicht, die Werte, Prinzipien und Praktiken des agilen Projektmanagements umzusetzen. Menschen mit einem agilen Mindset stellen sich Herausforderungen, handeln von Moment zu Moment, überprüfen die Folgen ihrer Handlungen in kleinen Schritten, lernen daraus und verändern ihr Verhalten dementsprechend.

In diesem Kontext ist es von großer Bedeutung zu betonen, dass die bloße Anwendung agiler Methoden und Vorgehensweisen ohne Berücksichtigung agiler Werte und Prinzipien nicht automatisch zu Agilität führt. Der Einsatz agiler Methoden bei klassischen Unternehmensstrukturen ist sehr aufwendig. Grundvoraussetzung ist ein kultureller Wandel der Unternehmensorganisation der zunächst ein eigenständiges Organisationsänderungsprojekt voraussetzt.

1.6.1 Scrum

Das von Jeff Sutherland und Ken Schwaber formulierte „Scrum" ist das grundlegende Vorgehensmodell im Agilen Projektmanagement.

Der englische Begriff Scrum (= Gedränge) kommt aus dem Rugbysport. Hier ist Scrum eine Formation, in der sich das Team aneinanderdrängt um abzustimmen, wie nach dem Einwurf möglichst schnell der Ball erobert werden kann.

Scrum hat das heutige Verständnis agiler Arbeitsweisen nachhaltig beeinflusst. Ausgehend von den Ursprüngen in der Softwareentwicklung ist die Scrum-Methode aus dem agilen Projektmanagement nicht mehr wegzudenken. Mit möglichst geringem Aufwand und unter Einsatz von nur wenigen Hilfsmitteln zielt Scrum auf eine flexible und schnelle Zusammenarbeit von Teams in einem komplexen Umfeld. Dies beruht auf dem Kerngedanken, dass Individuen den heutigen Anforderungen in der Produktentwicklung nicht mehr standhalten können. Das Team als interdisziplinäre Einheit bündelt stattdessen die einzelnen Kompetenzen und ist in der Lage, agil auf Veränderungen zu reagieren.

Besonders gut geeignet ist Scrum daher insbesondere für Projekte, bei denen es um die Entwicklung von Produkten / Dienstleistungen innerhalb eines komplexen Umfeldes geht, indem permanente Überprüfungen und Anpassungen sowie Lernprozesse wichtig sind.

Der Ansatz ist empirisch, inkrementell und iterativ. Er beruht auf der Erkenntnis, dass viele Projekte zu komplex sind, um in einen vollumfänglichen Plan gefasst werden zu können, da ein wesentlicher Teil der Anforderungen und der Lösungsansätze zu Beginn unklar ist.

Vor diesem Hintergrund werden Zwischenergebnisse geschaffen anhand derer sich die fehlenden Anforderungen und Lösungstechniken effizienter finden lassen als durch eine eher abstrakte Planungsphase. Neben dem Produkt wird daher auch die Planung iterativ und inkrementell entwickelt.

Die empirische Verbesserung fußt auf **drei** elementaren **Säulen**:

- **Transparenz**: Fortschritt und Störungen eines Projektes werden regelmäßig und für alle sichtbar aufgezeigt.

- **Überprüfung**: Ergebnisse und Funktionalitäten werden regelmäßig abgeliefert und bewertet.

- **Anpassung**: Anforderungen an das Produkt, Pläne und Vorgehen werden nicht fix spezifiziert, sondern kontinuierlich und detailliert angepasst. Scrum reduziert damit die Komplexität der Aufgabe nicht, strukturiert sie aber in kleinere und weniger komplizierte Bestandteile (sog. **Inkremente**).

Ziel von Scrum ist die schnelle und preiswerte Entwicklung guter Produkte entsprechend einer Vision deren Umsetzung nicht durch die Aufstellung möglichst detaillierter Anforderungen, sondern in Form von aus der Anwendersicht formulierten Eigenschaften erfolgt.

Die Liste all dieser Anforderungen ist das **Product Backlog**. Der daraus abgeleitete **Detailplan** (das sog. **Sprint Backlog**) wird nur für den jeweils nächsten **Zyklus** (den sog. **Sprint**) erstellt. Auf diese Weise werden die Anforderungen Stück für Stück in ein bis vier Wochen langen Sprints umgesetzt. Am Ende eines jeden Intervalls steht die Lieferung eines fertigen Teilprodukts (das sog. **Product Increment**). Dieses sollte in einem Zustand sein, dass es an den Kunden ausgeliefert werden kann. Im Anschluss an den Zyklus werden Produkt, Anforderungen und Vorgehen geprüft und im nächsten Sprint weiterentwickelt.

Das **Scrum-Team** kommuniziert mit den Stakeholdern (Interessengruppen) des Projektes und besteht aus drei Führungsrollen:

- Der **Product Owner** verantwortet den Erfolg des Projektes sowie den Erfolg und die Profitabilität des Produktes. Er ist Interessenvertreter für sämtliche Stakeholder und überprüft am Ende eines jeden Sprints das Ergebnis.

- Der **Entwickler** bzw. das sog. **Development Team** organisiert selbst seine Arbeit und erstellt die Produktinkremente (= das Ergebnis, das mit jeder Iteration erweitert wird). Dieses Team besteht aus ca. 5-10 Person und ist interdisziplinär besetzt und sollte sich in der Regel ausschließlich einem Projekt widmen können.

- Der **Scrum Master** kümmert sich um die Hindernisse und Probleme und ist verantwortlich für den Kulturwandel (= Umsetzung der Scrum-Werte und Methoden). Er managt den Prozess, aber nicht das Team und hat keine Weisungsbefugnis.

Im Rahmen von Scrum wird häufig ein sogenanntes **Taskboard** eingesetzt, welches eine Technik zur Visualisierung des Sprint Backlogs darstellt. Darauf lässt sich jederzeit ablesen, welche Einträge aus dem Product Backlog für den Sprint ausgewählt wurden, welche Aufgaben entsprechend zu bearbeiten sind, und in welchem Bearbeitungszustand sich diese befinden.

Das **Board** besteht in der Regel aus **5 Spalten**:

- **User Stories**: User Stories sind eine Technik zur Beschreibung von Anforderungen aus der Perspektive eines Benutzers und beschreiben, welche Produkteigenschaft der Benutzer will und warum.

- **To Do**: Dies sind alle Aufgaben, die während des Sprints ausgeführt werden müssen.

- **In Progress**: Diese Spalte führt Aufgaben im Sprint auf, an denen aktuell gearbeitet wird.

- **Review/Testing**: Hier werden zu validierende Aufgaben gelistet.

- **Done**: Hier werden alle Aufgaben angeführt, die während des Sprints erledigt worden sind.

Am Ende sollen bei Abschluss eines Sprints immer alle Aufgaben in der letzten Spalte stehen. Das bedeutet nämlich, dass alle Aufgaben, die vorher festgelegt wurden, erledigt worden sind und das Ziel des Sprints erreicht wurde. Wenn dagegen der Sprint beendet ist und noch nicht alle Punkte unter „Done" aufgeführt werden können die jeweiligen Aufgaben wieder in den Product Backlog zurücksortiert werden und der Product Owner entscheidet anschließend, ob diese Aufgaben in den nächsten Sprint passen.

Ein Scrum **Projekt besteht im Allgemeinen** aus folgenden **Schritten** (Schwaber & Jeff Sutherland, 2020):

1. **Planen Sie den Backlog**: In einem Scrum Projekt füllen Sie als erstes das Backlog. Hierfür benötigen Sie alle User Stories von Ihrem Auftraggeber, setzen Prioritäten und fügen diese zum Board hinzu.

2. **Planen Sie den ersten Sprint**: Sobald das Backlog voll ist, wählen Sie eine oder mehrere User Stories, definieren für jede davon Aufgaben und schätzen die Story Points ein, die zu Ihrer Abarbeitung notwendig sind.

3. **Tägliche Aufgaben**: Teilen Sie dem Team Aufgaben zu und beginnen Sie mit der Arbeit. Aktualisieren Sie das Board und führen Sie täglich 15-minütige Standup-Meetings durch, um den bisherigen Fortschritt und mögliche Probleme zu besprechen.

4. **Organisieren Sie ein Sprint Review**: Führen Sie am Ende eines Sprints ein Review Meeting für die Stakeholder durch. Präsentieren Sie die Ergebnisse Ihrer Arbeit, um diese absegnen zu lassen oder zu hören, ob sie abgelehnt und in den nächsten Sprint aufgenommen wird

5. **Führen Sie einen Sprint Retrospective durch**: Führen Sie zum Beenden eines Sprints außerdem ein Sprint Retrospective Meeting durch. Setzen Sie sich dabei mit Ihrem Team zusammen, blicken Sie auf den Sprint zurück und besprechen Sie, was gut gelaufen ist und was in Zukunft besser gemacht werden könnte.

6. **Gehen Sie den nächsten Sprint an**: Wiederholen Sie danach die bereits erwähnten Schritte. Prüfen Sie das Backlog, wählen Sie die User Stories und führen Sie mit Ihrem Team solange Sprints durch, bis Sie das Endprodukt erhalten.

7. **Beenden Sie Ihr Projekt**: Sobald die Sprints beendet sind und dem Auftraggeber ein fertiges Produkt vorliegt, sollten Sie ein finales Retrospective Meeting veranstalten. Lassen Sie dabei noch ein letztes Mal das Projekt Revue passieren, besprechen Sie Erfolge, Probleme und zukünftige Verbesserungen.

1.6.2 Kanban

Kanban kommt aus dem Japanischen und bedeutet wörtlich übersetzt „Signalkarte". Ursprünglich wurde das System von Taiichi Ohno entwickelt und bei Toyota in Japan implementiert. Generelles Ziel war die Optimierung der

Produktionsprozesse. Kanban basiert auf der japanischen Arbeitsphilosophie „**Kaizen**“, welche nach kontinuierlicher Verbesserung strebt (Anderson, 2011).

Kanban ist eine **Methode des agilen Projektmanagements**. David J. Anderson (2011) hat Kanban auf die Informationstechnologie angewandt. Demgemäß handelt es sich bei Kanban um eine Changemanagementmethode, bei welcher die evolutionäre Optimierung eines Unternehmens im Fokus steht. Es soll eine Kultur der ständigen Verbesserung erschaffen werden, um ökonomische und soziale Ziele zu erreichen. Dabei muss Kanban auf einen bestehenden Prozess aufgesetzt werden, damit dieser zugrunde liegende Prozess inkrementell verändert werden kann. Kanban hat seinen Ursprung zwar in der Softwareentwicklung, ist jedoch so flexibel, dass es auf Bereiche außerhalb der IT angewendet werden kann. Die Methode wird in verschiedenen Bereichen eingesetzt und hilft dabei die unterschiedlichen Probleme zu bearbeiten (Anderson, 2011).

Anderson (2011, S. 19) definiert folgende **Grundprinzipien**:

- **„Beginne dort, wo du dich im Moment befindest.“**: Unter bestimmten Voraussetzungen haben sich Prozesse und Systeme in einem Unternehmen gebildet weshalb Kanban davon ausgeht, dass die Weiterentwicklung und Verbesserung dort starten sollte. Alle Projektbeteiligten entwickeln somit ein Verständnis für die zugrundeliegenden Prozesse, um Hindernisse zu erkennen und vorzubeugen.

- **„Komme mit den anderen überein, dass inkrementelle, evolutionäre Veränderungen angestrebt werden.“**: Damit Kanban erfolgreich eingesetzt werden kann, braucht es eine Übereinkunft zur Veränderungskultur aller Beteiligten. Kleine und schrittweise durchgeführte Veränderungen sind für die Projektbeteiligten leichter umzusetzen. Ziel ist vor diesem Hintergrund die ständige Verbesserung eines Zustands.

- **„Respektiere den bestehenden Prozess sowie die existierenden Rollen, Verantwortlichkeiten und Berufsbezeichnungen.“**: Bei Kanban handelt es sich nicht um einen Top-down Ansatz, bei welchem allein die Managementebene eines Unternehmens die Richtung vorgibt. Vielmehr sollen alle Beteiligten dazu angespornt werden, Verbesserungsvorschläge zu machen.

Grundsätzlich gibt Kanban sehr wenige Vorschriften und Regeln vor, sondern passt sich den bestehenden Gegebenheiten an. Die Projektbeteiligten stehen in der Verantwortung, sinnvolle Veränderungen zu erkennen.

In diesem Zusammenhang definieren Anderson und Carmichael (2018) die folgenden **sechs Kernfunktionen**:

- **Visualisierung des Arbeitsflusses**: Ein sogenannter „progress report" hilft bei der Visualisierung der Arbeitsabläufe und generiert ein gemeinsames Verständnis unter den Teammitgliedern. Probleme und Engpässe, welche das Fertigstellen der Aufgaben hindern, lassen sich dadurch gezielt angehen.

- **Begrenzung des Work in Progress (WiP)**: Ziel des sogenannten „WiP- Limits" ist die Einsparung gebundenen Kapitals durch eine quantitative Einschränkung der parallel in Bearbeitung befindlichen Aufgaben. Damit das Team sich auf wenige parallele Aufgaben fokussieren kann, wird verhindert, dass neue Aufgaben angefangen werden, bevor die aktuellen abgeschlossen sind. Aus Kundensicht generiert eine abgeschlossene Aufgabe einen höheren Mehrwert als mehrere angefangene, jedoch nicht abgeschlossene Aufgaben (Leopold, 2017). Die mathematische Gleichung „Littles Law" verdeutlicht, dass die Durchlaufzeit mit abnehmender Ankunftsrate von Aufgaben sinkt (Anderson und Carmichael, 2018). Am einfachsten lassen sich Engpässe durch das Ansammeln von fertigen Tickets in einem Prozessschritt feststellen, welche aufgrund der Erschöpfung des WiP- Limits nicht in den nächsten Schritt gezogen werden können. In Folge einer hohen Durchlaufzeit können Organisationen nicht optimal auf wechselnde Umstände und Anforderungen reagieren. Eine Einschränkung der begonnenen Arbeit fördert die Qualität des Produktes und reduziert die Durchlaufzeit. Durch häufige Auslieferungen erhalten die Projektbeteiligten ein regelmäßiges Feedback und können auf Fehler reagieren, ohne dabei den Arbeitsfluss zu unterbrechen. Je später ein Fehler bemerkt wird, desto mehr Zeit muss für dessen Beseitigung aufgewendet werden. Ebenso, wie das gesamte Kanban System im ständigen Wandel ist, können auch die WiP- Begrenzungen geändert und angepasst werden (Leopold und Kaltenecker, 2013).

- **Messung und Steuerung des Arbeitsflusses**: Kanban zielt darauf ab, beständige und nahezu vorhersehbare Abläufe zu etablieren, um einen möglichst hohen Mehrwert bei dem Kunden bzw. Auftraggeber zu generieren. Daher ist die Beseitigung von Blockaden und Engpässen während des Arbeitsflusses ein essentielles Element. Entscheidend ist dabei, dass nicht die Leistung der Mitarbeiter, sondern der Arbeitsfluss optimiert werden soll (Leopold, 2017). Gemeinsam mit Partnern abgestimmte und eingehaltene Vereinbarungen fördern das Vertrauen und stärken die Beziehung insbesondere zu externen Partnern aus dem Marketing und zu Geldgebern (Anderson, 2011). Um präzise Vorhersagen zu machen, wird der Fortschritt regelmäßig geprüft und kommuniziert. Durch Kennzahlen, wie beispielsweise Durchlaufzeit und Durchsatz, kann die Leistung des Systems gemessen werden. Entscheidungen werden auf Grundlage von Daten und Fakten getroffen (Böhm, 2019).

- **Etablierung von expliziten Prozessregeln**: Ein Prozess ist als eine Menge an Vorschriften zu verstehen, welche das Verhalten beeinflusst (Anderson, 2011). Prozessregeln müssen klar definiert, kurz und leicht verständlich sein. Die Regeln werden von den Projektbeteiligten selbst aufgestellt und müssen eingehalten werden. Sollte sich eine Regel als unpraktikabel herausstellen, muss es für die Mitarbeiter leicht möglich sein, diese während des Arbeitsflusses anzupassen (Anderson und Carmichael, 2018.). Durch die Umsetzung der Regeln kann ihre Richtigkeit bestätigt werden. Wenn sich der Fokus auf die objektive Betrachtung der Regeln ändert, kann ein Teil der dabei auftretenden Emotionen in Diskussionen gedrosselt werden (Leopold und Kaltenecker, 2013) Die „Definition of Done" legt fest, wann eine Aufgabe in den unterschiedlichen Prozessschritten als „fertig“ gekennzeichnet werden kann. Es können während der Produktentwicklung weitere Anforderungen hinzukommen (Böhm, 2019).

- **Einführung von Rückkopplungsschleifen**: Um aus Fehlern zu lernen wird ein permanentes Feedback benötigt. Zyklische Meetings und Rückmeldungen treiben effektiv den Fortschritt und die evolutionäre Veränderung voran. Dabei ist zu beachten, dass zu häufige Meetings vorschnelle Änderungen bewirken können. Zu selten geführte Besprechungen hingegen können einen unerwünschten Zustand unnötig verlängern (Anderson und Carmichael, 2018). Es gibt diverse Methoden und Techniken, um im Team Fortschritte und Hindernisse zu reflektieren. Häufig wird in Meetings ein Kanban Board herangezogen, um Fortschritte zu überblicken. Die Retrospektive, sowie das „**Daily Standup Meeting**" sind weit verbreitete Techniken bei Kanban. Bei der Retrospektive sind alle Projektbeteiligten anwesend und besprechen zukünftige Verbesserungen und Prozessanpassungen (Creusen et al., 2017). Standup Meetings finden täglich statt und haben zum Ziel, das Team so zu koordinieren, dass es seine Arbeit für den Tag erfüllen kann (Anderson, 2011). In den Besprechungen werden Engpässe, Blockaden oder sonstige Hindernisse visualisiert und können im Anschluss gezielt bearbeitet werden. Es sollte in regelmäßigen Abständen ein gemeinschaftlicher Austausch geführt werden. Die Intervalle sind jedoch von den individuellen Rahmenbedingungen in der Organisation abhängig (Leopold und Kaltenecker, 2013).

- **Gemeinsame Verbesserung und experimentelle Weiterentwicklung**: Ständige Verbesserung ist in Kanban Systemen allgegenwärtig. Es wird jedoch keine konkrete Vorgehensweise vorgeschrieben, da die Anforderungen in jedem Unternehmen einzigartig sind. Anstatt Prozesse in eine neue und vordefinierte Vorgehensweise zu lenken, nutzt Kanban einen evolutionären Prozess, welcher einerseits positive Ansätze verstärkt, um sie beizubehalten, andererseits unwirksame Veränderungen möglichst rückgängig macht. Für diesen Verbesserungsprozess gibt es keinen Endpunkt, da Perfektion in sich ändernden Bereichen nicht erreicht werden kann (Anderson und Carmichael, 2018).

Zur Darstellung des Arbeitsflusses wird ein **Kanban Board** herangezogen. Die Gestaltung des Boards variiert stark und wird nicht explizit von der Methode Kanban vorgeschrieben. Es gibt jedoch Software, welche die Darstellung erleichtert und praktische Features anbietet (Anderson und Carmichael, 2018).

In Bezug auf den evolutionären Ansatz von Kanban erfolgt eine schrittweise **Visualisierung der Wertschöpfungskette**. Es wird vorerst nur ein Bereich ausgewählt, der im Anschluss optimiert wird. Im ersten Schritt identifiziert das Team die Prozessschritte, an welcher Stelle im System es sich befindet und steckt die Grenzen ab.

Das Board besteht klassischerweise aus der Aneinanderreihung der identifizierten Prozessschritte in Spaltenform, es ist jedoch auch eine andere Darstellungsform möglich, solange der Prozess sinnvoll dargestellt wird (Leopold und Kaltenecker, 2013).

Die nachstehende Abbildung zeigt einen **exemplarischen Arbeitsfluss** bestehend aus den 3 Spalten „**Backlog**", der alle Aufgaben vorerst sammelt, der Kategorie „In Bearbeitung" (Englisch: In progress) und letztlich „Done" (manchmal auch „Bereit für Release" genannt).

Um Anforderungen auf dem Kanban Board für das Team transparent zu machen, werden **Signalkarten** (auch Tickets oder Karten) verwendet. Auf den Signalkarten sind alle wichtigen Informationen zu den Aufgaben vermerkt (Epping, 2011).

Sobald in nachgelagerten Prozessschritten Kapazitäten vorhanden sind, können die Mitarbeiter als fertig markierte Tickets in die jeweilige Stufe ziehen. Nach dem **Pull-Prinzip** und unter Berücksichtigung der Dringlichkeit werden die Tickets von links nach rechts in die jeweilige Spalte verschoben, um den Fortschritt transparent darzustellen (Anderson und Carmichael, 2018).

In Kanban werden Aufgaben nach Art und Umfang der Auswirkungen in **Serviceklassen** differenziert. In Arbeitsprozessen ist eine Unterteilung notwendig, um die vorhandene Komplexität zu beherrschen und so bessere Aussagen zur Planbarkeit vornehmen zu können. Dieses Instrument ermöglicht der Organisation, bei vertretbaren Kosten reaktionsfähig zu bleiben. Das Kanban Board skizziert nur einen Ausschnitt des Gesamtprozesses. Ein Ticket, welches in der letzten Spalte landet, ist nicht zwangsläufig abgeschlossen. Es ist möglich, dass nachgelagerte Bereiche das Ticket wieder aufgreifen (Leopold und Kaltenecker, 2013).

Abbildung 3: Beispiel eines Kanban Boards

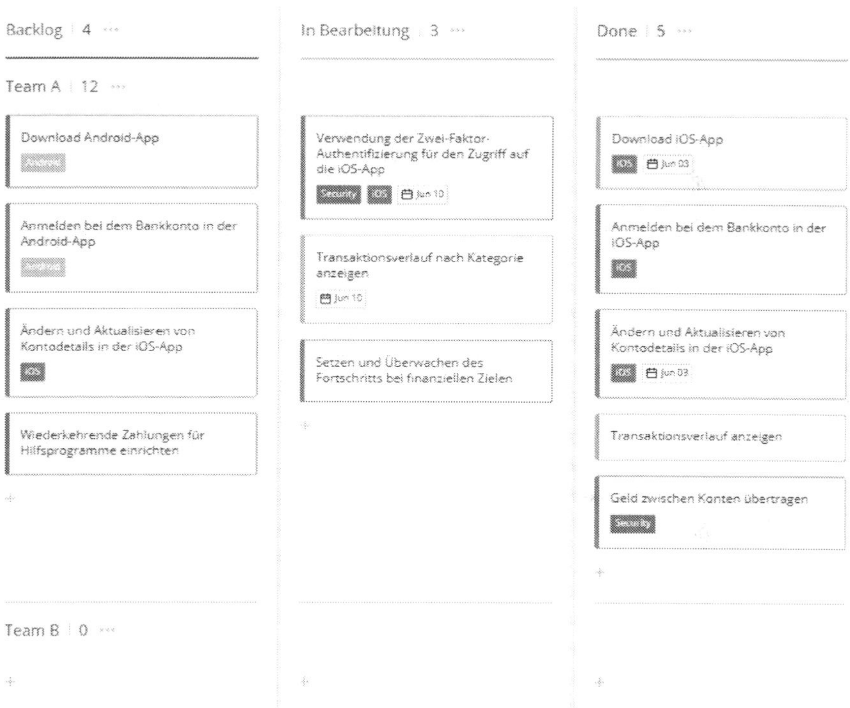

1.7 Projektbeteiligte

Projektbeteiligte sind Personen und Organisationen, welche in irgendeiner Form an der Projektinitiierung und –durchführung beteiligt sind. Im weiteren Sinne sind dies auch diejenigen, deren Interessen von der Projektausführung oder den Projektergebnissen berührt werden. Eine wichtige Managementaufgabe besteht in der Identifikation aller dieser Stakeholder sowie deren Bedürfnisse und Erwartungen.

Stakeholder sind Personen oder Personengruppen, die in Beziehung zum Unternehmen oder zum Projekt stehen. Die Beziehungen können als Betroffenheit oder als aktive Einflussmöglichkeit ausgeprägt sein. Stakeholder werden deshalb auch als Bezugsgruppen oder Interessengruppen bezeichnet (vgl. engl.: „to have a stake in“, was übersetzt werden kann mit „ein Interesse haben an“).

Generell wird zwischen internen und externen Stakeholdern unterschieden.

1.7.1 Interne Stakeholder und Schlüsselfunktionen in Projekten

Als interne Stakeholder werden alle Beteiligten bezeichnet, welche im direkten Projekt-Umfeld zu finden sind (vgl. Abbildung 4).

Interne Stakeholder können sein:

- Geschäftsführung, Top-Management, Vorgesetzte
- Betriebsrat, Personalrat, im Betrieb vertretene Gewerkschaften
- Mitarbeiter im Projekt/im Unternehmen
- Schnittstellenbesetzung zwischen internen Abteilungen/Abteilungsleiter
- Controlling, Qualitätskontrolle
- Projektleitung/Projektgremien
- Interne Berater/eingekaufte Berater

Im Projekt sind folgende **Schlüsselfunktionen im Sinne von Projektbeteiligten** zu identifizieren.

Auftraggeber des Projektes / Projekt-Sponsor: Instanz im Unternehmen, die Projektplanung und Durchführung formell anweist und Ressourcen zur Verfügung stellt. Dies ist in den meisten Fällen die jeweilige Abteilungsleitung oder die Geschäftsführung.

Der **Projektsponsor oder Pate** ist demnach einer der wichtigsten Beteiligten des Projektes mit folgenden **Aufgaben bzw. Funktionen**:

- Unterstützung des Projekts durch die Unternehmensleitung
- Kommunikation- und Mittlerrolle zwischen Projektmanager, Kunde und Projektmitgliedern
- Vermittlung zwischen Projekt- und Linienmanagern
- Auftraggeber des Projektes / Projekt-Sponsor

Abbildung 4: Interne Stakeholder eines Projektes

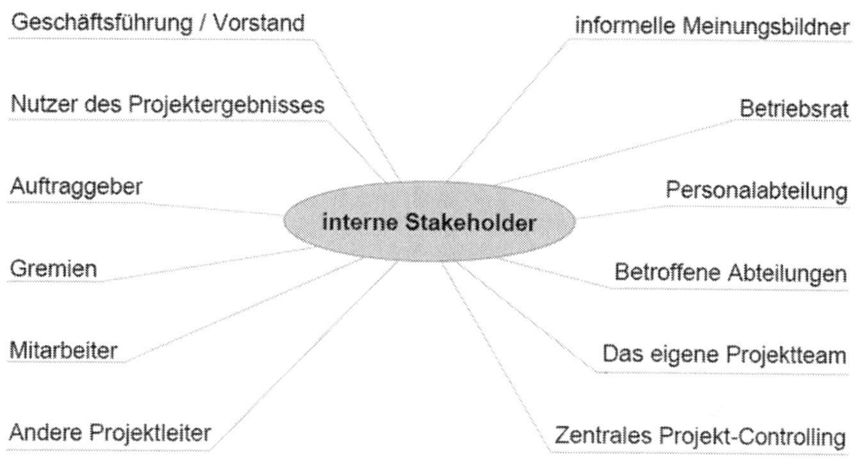

Lenkungsausschuss / Steering Board: Der Lenkungsausschuss dient der Einbindung der Unternehmensleitung in das Projekt. Er besteht zumeist aus einer Gruppe von Senior Managern von Funktionsbereichen, die das Projekt beeinflussen und im Rahmen komplexer Projekte die Funktion einer zusätzlichen Unterstützung ausüben.

Das **Steering Board** hat generell folgende **Funktionen**:

- Mitwirkung bei Bildung und Abnahme der Projektziele
- Freigabe der benötigten Ressourcen (personell, sachlich, finanziell)
- Gestalten der Projektorganisation

- Entscheidungen und Freigaben z. B. über die einzelnen Projektphasen, Wahl von Alternativen etc.

Über den Lenkungsausschuss hinaus muss das direkte Reporting zur Unternehmensleitung sichergestellt werden.

Projektleiter / Projektmanager: Der Projektmanager leitet die Abwicklung des ihm zugeordneten Projektauftrages in Zusammenarbeit mit dem Projektteam und den vom Projekt betroffenen Organisationseinheiten, so dass eine auftragskonforme, termin- und kostengerechte Projektabwicklung gewährleistet ist (bei umfangreichen Projekten sind auch mehrere Teilprojektleiter denkbar).

Der **Projektleiter** hat in der Regel folgende **Funktionen**:

- Auswahl des Projektteams
- Festlegen der Projektorganisation
- Planen und kontrollieren des Projektverlaufs
- Koordinieren der am Projekt beteiligten Personen
- Führen, anleiten und motivieren der Teammitglieder
- Informieren der Projektbeteiligten oder betroffenen Organisationseinheiten im Unternehmen
- Aufbereiten von Entscheidungsunterlagen und Herbeiführen von Entscheidungen
- Planen, steuern und überwachen der Projektdokumentation,
- Vertreten des Projektes gegenüber allen internen und externen Stakeholdern.

Der Projektmanager agiert somit als **Innen- und Außenminister** des Projekts. Sein Verhalten entscheidet in besonderem Maße über Erfolg oder Misserfolg eines Projektes. Aufgrund der Komplexität der Aufgaben werden hohe Anforderungen an die fachliche, methodische und soziale Kompetenz von Projektmanagern gestellt.

Erfolgreiche Projektmanager...

- haben ein gutes Verständnis für die inhaltlichen Themen ihres Projektes,
- verfügen über methodisch fundierte und erprobte Projektmanagementfertigkeiten,
- verfügen über gute analytisches Fähigkeiten und können priorisieren,
- sind flexibel und kreativ,
- sind konfliktfähig sowie durchsetzungs- und entscheidungsstark und
- sind ausgezeichnete Kommunikatoren.

Projektmitarbeiter / Projektteam: Das interdisziplinär zusammengesetzte Team stellt die ausführende Ebene dar. Es besteht aus fest zugeordneten und/oder teilweise abgeordneten Mitarbeitern des Unternehmens mit ausreichendem fachlichen und projekt-methodischen Wissen.

Die Zusammensetzung des Teams kann sich ändern, die Änderung ist jedoch mit Einarbeitungszeit und etwaigen Integrationsproblemen verbunden.

Üblicherweise gehören zu einem **Projektteam**

- der Projektleiter
- vollzeitlich abgeordnete bzw. für das Projekt eingestellte Mitarbeiter
- teilzeitlich involvierte Mitarbeiter
- externe Mitarbeiter und/oder Experten
- u. U. sporadisch engagierte externe Berater

Die Teammitglieder sind zuständig für die Abarbeitung der mit dem Projekt verbundenen Aufgaben (auch: Tasks) und müssen zumeist Linien und Projektmanager berichten.

Generell gelten in der Praxis die folgenden **Anforderungen an Teammitglieder**:

- Spezialwissen auf einem Fachgebiet (anerkannte Experten)
- Fachgrundqualifikation zur Abstimmung mit anderen Gebieten
- Hohe Leistungsfähigkeit
- Hohe Motivation
- Soziale Kompetenz

Darüber hinaus muss geklärt werden, welche Abteilungen an dem Projekt beteiligt bzw. davon betroffen sind und welche mitwirken müssen. Diese Frage stellt sich insbesondere bei unternehmensinternen, veränderungsorientierten Projekten. In Projekten, die eine Reorganisation des Unternehmens zum Ziel haben, empfiehlt es sich, Beteiligte aus den entsprechenden Abteilungen im Projektteam zu integrieren. Projektteams können aus fünf, aus zwanzig aber auch wesentlich mehr Mitarbeitern bestehen.

Die **Projektteamgröße** richtet sich u. a. nach:

- Arbeitsaufwand
- Zeithorizont des Projekts
- Aufgabenstellung und damit verbundenen
- erforderlichen Kompetenzen
- Einbeziehung von Fachabteilungen und
- Notwendigkeit von Spezialisten-Know-how

Für den Projekterfolg sind die Leistungsfähigkeit und die hohe Fachqualifikation des Projektteams unabdingbare Voraussetzungen. Nur so kann ein optimales Fachkonzept als Grundlage für die Akzeptanz des Projektergebnisses entstehen.

In diesem Zusammenhang muss berücksichtigt werden, dass Projektarbeit häufig zusätzlich zum Tagesgeschäft zu erledigen ist. Neu gebildete Teams müssen im Rahmen ihrer Arbeit erst zusammenwachsen.

Dabei sind in der Regel 4 **Entwicklungsphasen** zu unterscheiden:

- **Formierungsphase (Forming)**: Die Gruppenmitglieder tasten sich gegenseitig ab und probieren Verhaltensmuster aus. Schwächere suchen die Nähe der hervortretenden stärkeren Gruppenmitglieder.

- **Konfliktphase (Storming)**: Es kommt zu Konflikten zwischen den gebildeten Untergruppen. Aus den Konflikten entwickeln sich Gruppennonnen, die als Basis für die weitere Zusammenarbeit von allen Mitgliedern angenommen werden und verbindlich sind.

- **Normierungsphase (Norming)**: Die Konflikte sind beigelegt, es herrscht gegenseitige Akzeptanz und ein Zusammenhalt.

- **Arbeitsphase (Performing)**: Die Teamkapazitäten und die Teamleistung konzentriert sich auf die Projektaufgabe, die Rollen sind klar verteilt und werden flexibel den Erfordernissen angepasst.

Zur Führungsaufgabe der Projektleitung gehört es, die Phasen 1 und 2 möglichst so zu begleiten, dass ein schneller Übergang in Phase 3 und 4 erreicht wird.

1.7.2 Externe Stakeholder

Beteiligte und partizipierende Personen, ebenso wie Gruppen oder Institutionen wird in der Kategorie „externe Stakeholder“ zusammengefasst. Dieses sind all jene Personen und Gruppen, welche nicht im direkten/unmittelbaren Umfeld der projektausführenden Unternehmung (vgl. Abbildung 5).

Fehleinschätzungen innerhalb dieser Gruppen haben meist eine signifikante Auswirkung auf den Projektablauf. Eine falsche Bewertung nur einer wichtigen Gruppe kann den Projekterfolg nachhaltig gefährden oder die komplette Planung zu Nichte machen. Als Beispiel seien hier die Demonstrationen zum Erhalten der Parkanlage des Kopfbahnhofes in Stuttgart (besser bekannt als Stuttgart21) genannt.

Externe Stakeholder können sein:

- Externe Auftraggeber
- Gesellschaftliche Gruppierungen (formell und informell)
- Politik
- Staat
- Dienstleister und Subunternehmer
- Vereine und Verbände,
- Anwohner, Bevölkerung, Grundstückseigentümer
- Presse, Radio, Fernsehen, Medien
- Gewerbetreibende
- Berufsverbände, Kammern, Interessenverbände

Abbildung 5: Externe Stakeholder eines Projektes

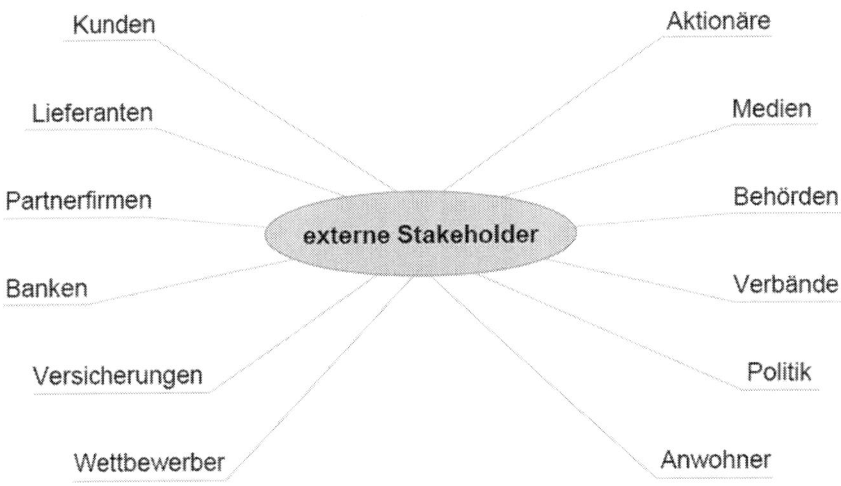

Die Einflussmöglichkeit einzelner Gruppen ist sehr unterschiedlich und kann sich während des Projektverlaufs ändern. Dabei kann dieser Einfluss sowohl positive als auch negative Auswirkungen in Bezug auf das Projekt haben. So wird eine neue Industrieansiedlung unter Umständen von den beteiligten Unternehmen und der Kommune und anderen externen Stakeholdern sicher unterstützt werden. Andere Interessengruppen wie beispielsweise Umweltverbände sowie Anwohner werden eventuell versuchen, das Projekt schon in der Planungsphase zu be-/verhindern.

Konflikte mit Einfluss-/Interessengruppen sind nur durch kontinuierliche Kommunikation und Information zu mindern. Konflikte zwischen den direkt Projektbeteiligten können bereits in der Anfangsphase durch eine eindeutige und einzelne Interessen abwiegende Festlegung der Projektziele vermindert werden.

Verhindern oder gänzlich ausräumen lassen sich Konflikte selbstverständlich nie! Um das Konfliktpotenzial nicht unnötig auszuweiten, sind für jedes Projekt Aufgaben und Kompetenzen der direkten Projektbeteiligten so genau wie möglich festzulegen.

1.8 Projektphasen

Trotz des individuellen Charakters von Projekten und der resultierenden unterschiedlichen Projektverläufe, sind die in der folgenden Abbildung dargestellten Phasen nahezu allgemeingültig (vgl. Abbildung 6).

Abbildung 6: Projektphasen und entsprechende Aktivitäten

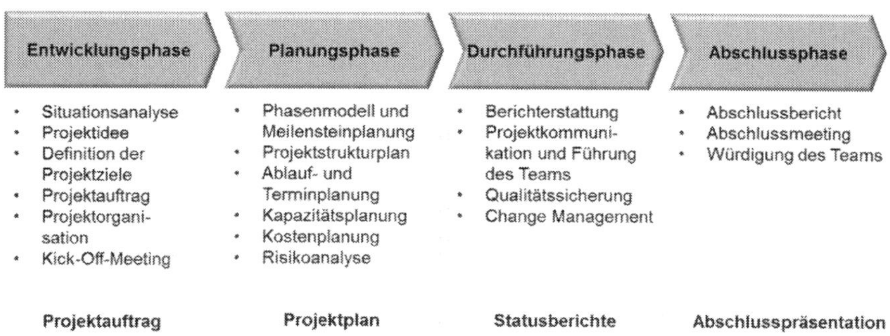

Die in der Abbildung aufgeführten Projektmanagement-Aktivitäten sind der Phase zugeordnet, in der sie schwerpunktmäßig anfallen. Eine eindeutige Zuordnung ist nicht möglich! So findet beispielsweise zumeist bereits in der Entwicklungsphase ein Planungsprozess statt, dessen Ergebnisse dann in der eigentlichen Planungsphase detailliert werden.

In den folgenden Abschnitten werden die einzelnen Projektphasen und die jeweiligen Tätigkeiten der Übersichtlichkeit halber kurz dargestellt, bevor diese in den weiteren Kapiteln und Abschnitten des Buches dann näher beleuchtet werden.

1.8.1 Entwicklungsphase

Zunächst einmal ist der Verlauf der Entwicklungsphase vor allem von der Art der Beauftragung abhängig.

Bei **externen Projekten** erfolgt nach Klärung der Finanzierung eine öffentliche Ausschreibung. Anbieter haben nun die Möglichkeit ihre Angebote einzureichen. Nach erfolgreichen Vertragsverhandlungen beginnt dann mit der Vertragsunterzeichnung die Projektabwicklung.

Bei **internen Projekten** kann hingegen direkt nach der Definition des Projektziels mit der Projektorganisation begonnen werden. Selbstverständlich geht hier der Zieldefinition eine Evaluation der Projektidee voraus. Wichtig für den späteren Projekterfolg ist darüber hinaus die Ausarbeitung eines internen **Projektauftrages**.

Dieser umfasst als **Mindestanforderungen** die folgenden Punkte:

- Allgemeine Projektziele bzw. Produktanforderungen
- Fest definierter Leistungsumfang und ggf. Abnahmekriterien
- Zeitplan und Meilensteine
- Kostenschätzung
- Angedachte Projektorganisation
- Risiken für den Projekterfolg

1.8.2 Planungsphase

In der Planung erfolgt die Detail-Planung auf der Grundlage der aus der Entwicklungsphase vorliegenden Dokumente.

Die eigentliche Detail-**Projektplanung** umfasst dabei die folgenden **Schritte**:

- **Projektstrukturplanung**: Projekte sind komplexe Vorhaben, sie lassen sich nicht einfach als Ganzes bearbeiten. Die Projektaufgaben werden daher in **Teilprojekte** und **Arbeitspakete** unterteilt, die hierarchisch in der Projektstruktur zusammengefasst und im **Projektstrukturplan (PSP)** dargestellt werden. Die oberste Ebene des PSP entspricht häufig den Phasen oder den Teilprojekten. Eindimensionale Projektstrukturen genügen kleineren Projekten; größere Vorhaben können mehrdimensionales Strukturieren nach mehreren Kriterien (wie Objekte, Aktivitäten bzw. Funktionen, Verantwortlichkeiten, Kostenstellen und Orte) verlangen.

- Identifizierung von **Arbeitspaketen**: Ermittlung der erforderlichen Aktivitäten. Ein Arbeitspaket sollte stets mit seinem Ergebnis bzw. Leistung definiert werden. Außerdem ist seine Fertigstellung nur am Ergebnis messbar. Jedes Arbeitspaket kennt eine Zuständigkeit für die Bearbeitung, manchmal auch eine getrennte für die Prüfung und Freigabe. Seine Arbeitsinhalte bestimmen den Aufwand und die Dauer. Die Arbeitspakete stellen die kleinste Einheit im PSP dar und können zur anschließenden Bestimmung der Bearbeitungsreihenfolge nach verschiedenen Gesichtspunkten im Zuge der Ablaufplanung in Vorgänge weiter unterteilt werden.

- **Ablauf-/Terminplanung**: Bei der Ablaufplanung sind die **Vorgänge** und **Aktivitäten** in eine sachlogische Reihenfolge zu bringen, den **Ablaufplan**. In der Praxis haben sich verschiedene Darstellungsformen durchgesetzt: einfache oder vernetzte Balkenpläne, verschiedene Arten von Listen oder Netzpläne. Durch die Verknüpfung mit konkreten Zeitpunkten (Terminen) entsteht der **Terminplan**, der schließlich die Anfangs- und Endtermine aller Vorgänge, zeitliche Reserven sowie Ecktermine (Meilensteine) ausweist.

- **Kapazitäts- und Einsatzmittelplanung**: Die Zeitplanung ist in der Regel mit der Einsatzmittelplanung eng verbunden, z. B. durch Maschinenbelegung oder Personaleinsatz. In der Projektwirtschaft umfasst der Begriff Einsatzmittel alle Personal- und Sachmittel (Betriebs- und Hilfsmittel), kurz gesagt: solche Einheiten, deren Verfügbarkeit begrenzt ist, die Kosten verursachen oder die Projektarbeit verrichten. Grafische Darstellungen unterstützen die Aufgabe, kapazitive Über- bzw. Unterdeckungen auszugleichen, um damit ein bestimmtes Einsatzmittel in seiner verfügbaren Menge möglichst optimal einzusetzen und nicht zu überschreiten. Dieser Einsatzmittelab-gleich kann zur Überarbeitung der vorher festgelegten Ablauf- und Terminplanung zwingen. Ein Annäherungsprozess beginnt, an dessen Ende alle Einsatz-mittel optimal terminiert sind.

- **Kostenplanung**: Aufstellung sämtlicher Kosten, die bei der erfolgreichen Projektabwicklung anfallen. Die qualitativen (Spezifikationen) und quantitativen (Mengengerüst) Angaben bilden eine Grundlage für diese Planung. Die Kostenverteilung über die Projektlaufzeit ergibt sich aus der zeitlichen Lage der Vorgänge. Aus dieser Kostenverlaufskurve oder deren kumulierter Darstellung leitet sich die Finanzmittelplanung ab. Hier kann beispielsweise durch eine Cash-Flow-Rechnung die stetige Kostendeckung abgesichert werden.

- **Risikoanalyse**: Identifikation, Eintrittswahrscheinlichkeit und Auswirkung von Projektrisiken

- Erstellung eines **Qualitätsplans**: Festlegung der Qualitätssicherungsmaßnahmen

1.8.3 Durchführungsphase

Je nach Projektgröße bzw. Projekterfordernissen kann es sinnvoll sein die Projektdurchführung in mehrere Ausführungsphasen zu unterteilen. Der Übergang von einer Ausführungsphase zur folgenden ist im Allgemeinen durch die hierzu notwendigen Arbeitsergebnisse definiert. Die Arbeitsergebnisse einer Phase werden auf Vollständigkeit und Richtigkeit überprüft und anschließend freigegeben bevor die nächste Phase starten kann. Es existiert kein idealer Weg der Projekteinteilung, **Ausführungsphasen** sollten aber definieren

- welche Arbeitspakete in welcher Phase abzuarbeiten sind,
- welche Dokumente wann zu erstellen sind und wie diese geprüft und freigegeben werden,
- welche Experten einbezogen sind,
- bei welchem Arbeitsfortschritt die Phase als abgeschlossen gilt (und die nächste beginnen kann).

In diesem Zusammenhang hat die **integrierte Projektsteuerung** die Aufgabe, stets einen Überblick über den Projektablauf zu behalten. Das **Projekt-Controlling** beschreibt den Projektstatus dazu mit den drei Parametern „Soll", „Ist" und „Maßnahmen bei Abweichungen", jeweils für jede der drei Projektzielgrößen. Es werden Steuerungsmaß-nahmen ergriffen, die entweder durch Soll-Vorgaben die Ist-Situation an die Planwerte annähert, oder die Planwerte im Spielraum der Projektzielerfüllung ändert.

Die **Projektdokumentation** beinhaltet den Nachweis dafür, dass die Vorgabe erfüllt, also die Ergebnisse zielgerecht erreicht wurden. Für den Auftragnehmer und als Service für den Auftraggeber ist die Übergabe Dokumentation notwendig für die Instandhaltung, die Pflege und das Nachrüsten.

1.8.4 Abschlussphase

Für die Abnahme sind bei externer Projektvergabe in den meisten Verträgen Abnahmekriterien und Abnahmeprozeduren definiert. Sollte dies nicht der Fall sein, ist es Aufgabe des Projektleiters eine formale, schriftliche Akzeptanz der Projektergebnisse zu erhalten!

Ebenso wichtig sind eine Abschlusskalkulation des Projektes sowie eine sinnvolle Archivierung der Projektdokumentation.

Die Projektauflösung umfasst vor allem eine rechtzeitige und schrittweise Einbindung der Projektmitarbeiter in ihre neuen bzw. „alten“ Aufgaben.

Im Einzelnen lässt sich der **Projektabschluss** in folgende **Schritte** unterteilen:

- Produktübergabe
- ggf. Wartungsvereinbarung
- Reintegration der Projektmitarbeiter
- Nachkalkulation
- Erfahrungssicherung
- Restaktivitäten
- Erstellung eines Abschlussberichts

Ein positiver Projektabschluss hat vor allem für zukünftige Projekte eine nicht zu unterschätzende Bedeutung. Ein erfolgreicher Abschluss des aktuellen Projektes ist die Grundlage für weitere Aufträge.

Neben dieser Außenwirkung ist aber ebenfalls die motivierende Wirkung einer positiven, abschließenden Projektsitzung - oder auch „Abschlussfeier“ - nicht zu unterschätzen.

1.9 Zusammenfassung

- Wesentliche **Aufgaben des Projektleiters** bestehen in
    - der Identifikation der Anforderungen an das Projekt,
    - der Definition und Kommunikation klarer und erreichbarer Projektziele,
    - dem kontinuierlichen Ausgleich zwischen den konkurrierenden Anforderungen Qualität, Leistungsumfang, Projektdauer und -kosten,

- dem Abgleich der Projektplanung und –durchführung mit den Erwartungen und Befürchtungen aller beteiligten Interessengruppen.

- Vor Projektbeginn sind im Rahmen des **Stakeholder-Managements** die Bedürfnisse/Erwartungen sämtlicher Projektbeteiligten/Einflussgruppen zu analysieren. Aufgaben und Kompetenzen der direkt Projektbeteiligten sind schriftlich festzulegen.

- Ein **Projektauftrag** umfasst im Minimum:
  - Allgemeine Projektziele bzw. Produktanforderungen
  - Fest definierter Leistungsumfang und Abnahmekriterien
  - Zeitplan und Meilensteine
  - Kostenschätzung
  - Angedachte Projektorganisation
  - Risiken für den Projekterfolg

- Projekte durchlaufen üblicherweise die folgenden **Projekt-Phasen**:
  - Projektentwicklung,
  - Projektplanung,
  - Projektdurchführung und
  - Projektabschluss.

2. Projektentwicklungsphase

Die Entwicklungsphase ist gleichermaßen die Projektvorbereitungsphase. Projektentwicklung bedeutet, aus einer Idee ein Projekt zu schaffen. In dieser Phase entscheidet sich, ob ein Vorschlag umgesetzt oder verworfen wird.

Wesentliche **Kernfragen der Entwicklungsphase** sind:

- Warum?
    - Warum wird das Projekt gemacht, was sind die generellen Zielsetzungen? Sinn, Hintergründe, Bedeutung für die Organisation
- Was?
    - Was muss gemacht werden, was sind die spezifischen qualitativen/quantitativen Projektziele? Und was ist nicht Projektziel?
- Wer?
    - Wer hat welche Rolle, welche Verantwortung und welche Entscheidungsmöglichkeit im Projekt? Welche Organisationseinheiten sind beteiligt?
- Wie viel?
    - Wie viel wird das Projekt kosten (Gesamtkosten für Konzept-, Implementierung, Betrieb)? Und: Welches Budget steht zur Verfügung?
- Wie?
    - Wie soll vorgegangen werden, welche Mittel und Ressourcen werden für das Projekt benötigt? Wie sollen die Informationen fließen?
- Wann?
    - Wann wird mit dem Projekt begonnen, und wann muss es abgeschlossen sein? Welche Meilensteine müssen bis wann erreicht sein?
- Wie gut?
    - Welche Ziele müssen erreicht werden? Zu den Zielen gehören auch das Einhalten von Terminen und Kosten sowie die Erreichung von Akzeptanz

Beispiel

Sie befinden sich in der Projektentwicklungsphase mit einem Kunden der ein Kundenbindungsprogramm einführen möchte.

Vor diesem Hintergrund sollten Sie als Unternehmensberater dem Kunden zur Vorbereitung der Projektdefinition in dieser Phase u. a. folgende Fragen stellen:

1. Durch welche Kundengruppen/Geschäftsfelder wird Ihr Geschäft charakterisiert?
2. Wie wichtig ist jede Kundengruppe heute für Sie?
    a. Umsatz?
    b. Deckungsbeitrag?
    c. Ergebnis?
    d. Zukünftiges Umsatzpotential?
3. Auf welche Kundengruppen wollen Sie in Ihrem ersten Kundenbindungsprojekt den Schwerpunkt legen?
4. Aus welchen Komponenten setzt sich das Umsatzpotential Ihrer Kundengruppen zusammen?
    a. Kundenbezogen
    b. Produktbezogen
5. Welche Analyseschritte sind notwendig, um eine Kundenpotentialanalyse durchzuführen?
6. Welche weiteren Schritte sind in der Analysephase notwendig?
    a. Kundeninterviews
    b. Fragebögen
    c. usw.
7. Welches sind Ihre ersten Hypothesen zu möglichen Kundenbindungsmaßnahmen in Ihrem Unternehmen?
8. Welches zusätzliche Potential schätzen Sie für diese Kundengruppen?
    a. Umsatz?
    b. Deckungsbeitrag?
    c. Ergebnis?

Die Umsetzung der ursprünglichen Idee in ein reales Projekt verläuft in der Regel in den in den folgenden Abschnitten beschriebenen Schritten.

Abbildung 7: Stufen der Projektentwicklungsphase

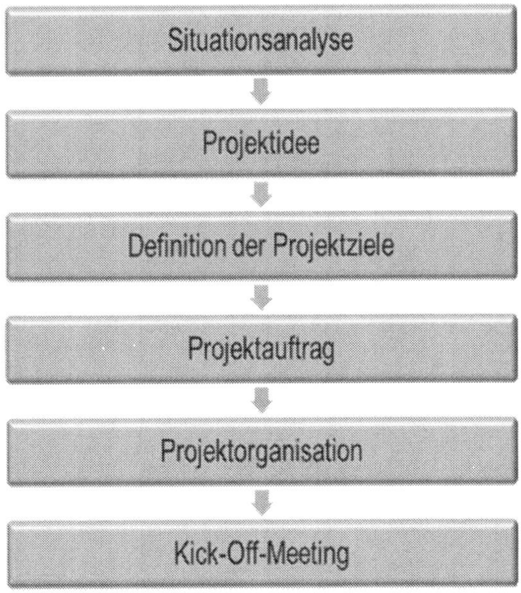

2.1 Situationsanalyse

Die Situationsanalyse erfolgt zu Beginn der Definitionsphase eines Projektes.

Das **Erfordernis für die Durchführung** einer Situationsanalyse ergibt sich aus **zwei Gründen**:

- Es gibt Probleme oder Chancen, die aus einem bestehen Zustand heraus entstehen. Daraus entsteht eventuell der Bedarf für ein Veränderungsprojekt.
- Es gibt Chancen, aus denen neue Ideen entstehen. Daraus entsteht eventuell der Bedarf für ein Chancenprojekt.

Vor diesem Hintergrund ist das Ziel einer Situationsanalyse, die bestehende Ausgangs- oder Problemsituation zu erfassen und zu bewerten. Ihr Ergebnis entscheidet darüber, ob ein Projekt überhaupt gestartet und durchgeführt wird.

Die Ist-Analyse der bestehenden Situation beantwortet damit **drei zentrale Fragestellungen**:

- Wie ist die aktuelle Situation?
- Wo steht das Unternehmen oder die Organisation damit?
- Macht es Sinn, aus dieser Situation heraus ein Projekt zu starten und durchzuführen?

Mit der Beantwortung dieser Fragen wird die Grundlage für folgende elementare **Aspekte erfolgreichen Projektmanagements** geschaffen:

- Alle Beteiligten brauchen ein ausreichendes und gemeinsames Verständnis der aktuellen Ausgangs- und Problemsituation. Erst danach ist es möglich, Ziele und weitere Inhalte festzulegen.
- Die beschriebene Ausgangs- und Problemsituation bildet eine Ausgangsbasis für spätere Vergleiche. Daran kann eruiert werden, ob die Entwicklung überhaupt in die geplante Richtung ging.

Eine vollständige **Erfassung und Bewertung des Ist-Zustands** besteht aus zwei aufeinander aufbauenden Teilbereichen:

- Erfassen der bestehenden Ausgangs- oder Problemsituation
- Beschreibung und Bewertung der erzielten Ergebnisse

Zuerst wird der Ist-Zustand, also die **Ausgangs- und Problemsituation** erfasst.

Quellen für die Erfassung des Ist-Zustands können dabei der Auftraggeber, Stakeholder, Dokumente aller Art und auch bestehende IT-Systeme sein.

Als **Methoden der Informationsgenerierung** können u. a. Interviews, Beobachtungen, Diskussion, Untersuchungen oder auch Workshops genutzt werden.

Im nächsten Schritt der Situationsanalyse geht es darum, dass die Ergebnisse strukturiert beschrieben und bewertet werden.

Dabei können zur **Beschreibung der Ergebnisse** Methoden wie eine Listenaufstellung, Diagramme, Prozessmodelle oder auch Organigramme verwendet werden.

Nachdem Sie die Ist-Situation beleuchtet und entsprechend differenziert beschrieben haben, geht es darum, die Daten strukturiert zusammenzuführen. Hierbei erfolgt eine entsprechende Verdichtung und lösungsneutrale Bewertung durch. Eine sehr beliebte Methode in der Praxis zur Bewertung der Daten ist die sogenannte **SWOT-Analyse** oder auch **Stärken-Schwächen-Analyse**.

Die SWOT-Matrix dient zur systematischen Betrachtung von Produkten, Prozessen, Teams, Unternehmen und anderen zu analysierenden Objekten, um bestehende Probleme lösen und bestehende Chancen nutzen zu können.

Die vier Buchstaben „SWOT" stehen dabei für:

- S = Strengths (Stärken)
- W = Weaknesses (Schwächen)
- O = Opportunities (Möglichkeiten)
- T = Threats (Gefahren, Bedrohung, Risiken)

Im ersten Schritt der SWOT-Analyse sind die genannten vier Bereiche mit Inhalten zu füllen. Die Stärken können z. B. besondere Fähigkeiten, Marktpositionen oder erfolgreiche Produkte sein. Schwächen können unter anderem ineffiziente Prozesse, Abhängigkeiten oder mangelndes Know-How sein. Das Zusammentragen und die Analyse der eigenen Stärken und Schwächen liefert die interne Sicht. Möglichkeiten und Gefahren beschreiben hingegen das Umfeld. So können Möglichkeiten z. B. neue Absatzmärkte, Lieferengpässe eines Wettbewerbers oder neue Technologien sein. Gefahren können beispielsweise von neuen Wettbewerbern, politischen Entwicklungen oder sinkender Nachfrage drohen (vgl. Abbildung 8).

Abbildung 8: Elemente einer SWOT-Analyse

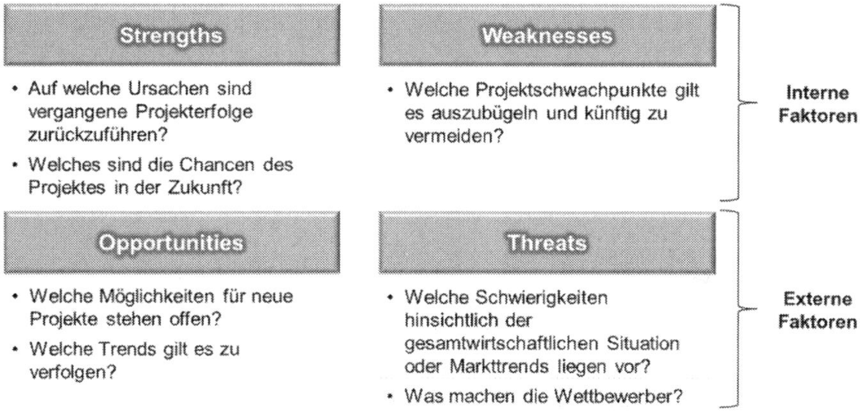

Die Gegenüberstellung von Stärken/Schwächen einerseits und Möglichkeiten/Gefahren andererseits spannt ein Portfolio mit vier Quadranten auf. Jeder **Quadrant** steht für einen **Strategieansatz**:

- S-O-Strategie: Mit den eigenen Stärken neue Möglichkeiten realisieren.
- S-T-Strategie: Mit den eigenen Stärken äußere Bedrohungen abwehren.
- W-O-Strategie: Eigene Schwächen beseitigen, um neue Chancen wahrzunehmen.
- W-T-Strategie: Eigene Schwachstellen vor möglichen Angriffen schützen.

Die SWOT-Analyse eignet sich mithin als Werkzeug in Situationen, in denen schnell Entscheidungen auf unzureichender Informationsbasis getroffen werden müssen. Für das Projektmanagement kann die SWOT-Analyse wie aufgezeigt im Rahmen der Situationsanalyse und Ideenfindung effektiv eingesetzt werden.

2.2 Projektidee

Mitunter ergibt sich aus der oben beschriebenen Situationsanalyse bereits eine erste Projektidee. Nur selten gibt es jedoch *den* herausragenden Einfall, der einfach nur zur Realisierung freigegeben werden kann. Vielmehr muss das Projektmanagement in den meisten Fällen die Zielformulierung und die Lösungs- und Konzeptfindung durch den bewussten Einsatz von systematischen **Kreativitäts- und Problemlösungstechniken** unterstützen.

Unter Ideenfindung oder einer Kreativitätstechnik versteht man im Allgemeinen das gezielte Erzeugen neuer Ideen zum Zwecke einer Problemlösung.

Es sind Methoden, die geeignet sind, Probleme zu präzisieren, die Ideenfindung und den Ideenfluss Einzelner oder von Gruppen zu beschleunigen, die Suchrichtung zu erweitern und gedankliche Blockaden aufzulösen. Mit der Anwendung von Kreativitätstechniken wird die Kreativität angeregt, um völlig neue, noch nicht realisierte Lösungen zu finden.

Für die Ideenfindung wurden zahlreiche intuitive und diskursive Methoden entwickelt. Diese Methoden sind keine Algorithmen, die zu einem „richtigen" Ergebnis führen! Dazu zählen z. B. die im Folgenden näher skizzierten Methoden.

Brainstorming ist eine von Alex F. Osborn 1939 entwickelte Methode zur Ideenfindung. Dabei nennen alle Teilnehmer spontan Ideen zur Lösungsfindung, wobei sie sich im optimalen Fall gegenseitig inspirieren und untereinander Gesichtspunkte in neue Lösungsansätze und Ideen einfließen lassen. Alle Teilnehmenden sollen ohne jede Einschränkung Ideen produzieren und mit anderen Ideen kombinieren.

Die Gruppe sollte in eine produktive und innovationsfreudige Stimmung versetzt werden.

Vorbereitung

- Festlegung der Teilnehmer
- Information über das Problem

- Vorbereitung Anschauungsmaterial
- Festlegung des Protokollanten

Ideenfindung

- Keine Kritik an anderen Beiträgen, Ideen, Lösungsvorschlägen
- Keine Wertung der Ideen
- Jeder soll seine Gedanken frei äußern können
- Keine Killerphrasen
- Je kühner und phantasievoller desto besser

Ergebnisse sortieren und bewerten

- Ideen werden vorgelesen und von allen bewertet und sortiert
- Thematische Zuordnung und Aussortieren von unrealistischen Ideen

Vorteile

- Ermöglicht Finden von innovativen Ideen und ausgefallenen Problemlösungen
- Einsatz, wenn normale Techniken keine weiteren Lösungsansätze bieten
- Einfach zu handhaben
- Geringe Kosten
- Ausnutzung von Synergieeffekten infolge der Gruppenbildung

Nachteile

- Sehr abhängig von Teilnehmern
- Oftmals viele Lösungsansätze unbrauchbar (>90%)

- Gefahr der Abschweifung
- Aufwendige Selektion geeigneter Ideen
- Gefahr von gruppendynamischen Konflikten

Brainwriting ist eine dem Brainstorming recht ähnliche Kreativitätstechnik, die vorwiegend in Gruppen angewandt wird.

Das Besondere des Brainwriting gegenüber dem Brainstorming ist, dass jeder Teilnehmer in Ruhe Ideen sammeln und schriftlich notieren kann. Dadurch wird es auch eher introvertierten Teilnehmern ermöglicht, Ideen schriftlich zu formulieren und später zu artikulieren.

Beim Brainwriting wird wie beim Brainstorming darauf geachtet, dass alle Faktoren, die die Produktion neuer Ideen hemmen, minimiert sind und im Gegenteil alle den Kombinationsprozess fördernden Faktoren gewährleistet sind. Teilnehmer sollen ohne jede Einschränkung Ideen produzieren und/oder mit anderen Ideen kombinieren. Im Idealfall inspirieren sich die Teilnehmer während des Schreibprozesses oder der Diskussion gegenseitig mit ihren Ideen, die sie dann entsprechend weiterentwickeln können.

Man unterteilt das Brainwriting generell in zwei **Phasen**:

1. Die erste Phase dient dem Entwickeln von Ideen und der Schaffung von Assoziationen. In dieser Phase ist eine Bewertung fremder wie eigener Ideen verboten.
2. In der zweiten Phase werden die Ergebnisse dann einer ausführlichen Kritik unterzogen und die besten Ideen herausgezogen.

Vorteile

- Ideen können nicht versehentlich in der Diskussion untergehen, da sie schriftlich festgehalten sind.
- Die Anonymität der Teilnehmer kann meist gewahrt werden. Die Teilnehmer sind somit nicht persönlich angreifbar.

- Es herrscht Gleichberechtigung in der Gruppe. Introvertierte Teilnehmer haben dieselbe Chance, ihre Ideen anzubringen wie extrovertierte. Auch hat die Stellung der Teilnehmer keinen Einfluss auf die Besprechung der Ideen. In der Diskussion werden die Ideen beispielsweise des Abteilungsleiters dann nicht aus Ehrfurcht von der Kritik ausgespart.

Nachteile

- Die Spontanität der Ideen geht verloren. Die Teilnehmer überdenken ihre Idee zu lange und überlegen sich mitunter zu konkrete Formulierung.
- Es können Mehrfachnennungen einer Idee vorkommen, bedingt durch den gleichzeitigen und alleinigen Ideenfindungsprozess am Anfang.

Die **morphologische Analyse** ist eine kreative heuristische Methode, um komplexe Problembereiche vollständig zu erfassen und alle möglichen Lösungen vorurteilslos zu betrachten. Sie erfolgt in einer Gruppe von Personen, wodurch sich das Wissens- und Ideenpotential erweitert. Die Durchführung wird von einem Moderator gesteuert. Die morphologische Analyse bedient sich des **morphologischen Kastens**, eine systematische Kreativitätstechnik nach dem Schweizer Astrophysiker Fritz Zwicky (1898–1974).

Vorgehensweise

- Für eine Fragestellung werden die bestimmenden Merkmale (auch Attribute, Faktoren, Parameter, Dimensionen genannt) festgelegt und untereinandergeschrieben. Dabei müssen die Merkmale unabhängig voneinander und im Hinblick auf die Aufgabenstellung umsetzbar sein.
- Dann werden alle möglichen Ausprägungen des jeweiligen Merkmals rechts daneben geschrieben. So entsteht eine Matrix in der

jede Kombination von Ausprägungen aller Merkmale eine theoretisch mögliche Lösung ist.

- Danach wird aus jeder Zeile eine Ausprägung des Merkmals gewählt, wodurch eine Kombination von Ausprägungen entsteht.

Beispiel

Eine neue Schokolade soll entwickelt werden. Ein (erster und verkürzter) morphologischer Kasten könnte wie folgt aussehen (vgl. Abbildung 9).

Abbildung 9: Beispiel eines morphologischen Kastens

Gewicht	100 g	200 g	500 g	1000 g
Form	Rund	Rechteckig	Dreieckig	Oval
Farbe	Grün	Gelb	Braun	Orange
Verpackung	Aluminium	Papier	Stoff	Karton
Geschmack	Süß	Bitter	Salzig	Sauer

Idee: Entwicklung einer neuartigen Schokolade mit 200 g Nettogewicht, ovaler Form, gelber Farbe, verpackt in einen Karton und mit einem salzigen Geschmack.

Vorteile

- Geeignete Methode, um komplexe Problembereiche vollständig zu erfassen und alle möglichen Lösungen vorurteilslos zu betrachten.

Nachteile

- Die Bewertung bei einer sehr großen Anzahl von Lösungen ist schwierig.

- Probleme können auch bei der Erarbeitung der wesentlichen Merkmale und der Abgrenzung der Merkmale und ihrer Ausprägungen entstehen.
- Die Methode kann sui generis keine radikalen Innovationen produzieren, weil der Raum der möglichen Eigenschaften durch die gewählten Dimensionen der Matrix von vornherein beschränkt ist.

2.3 Definition der Projektziele

Nach dem Deutschen Institut für Normung (DIN 69901) ist ein Projektziel ein „nachzuweisendes Ergebnis" (Ergebnisziel) und „vorgegebene Realisierungsbedingungen" (Vorgehensziele) der Gesamtaufgabe eines Projektes.

Bei der Zielfindung eines Projektes sind also nicht nur ein angestrebtes Ziel festzulegen, sondern auch die Bedingungen, unter denen das Ziel erreicht werden soll, zu beschreiben.

Die Gesamtheit der Projektziele haben die folgenden Dimensionen, die auch als **Magisches Dreieck des Projektmanagements** bezeichnet werden (vgl. Abbildung 10):

- Qualität: Sie müssen die geforderte Qualität liefern.
- Termin: Sie müssen einen bestimmten Zeitrahmen einhalten.
- Kosten: Sie müssen das Budget einhalten.

Wird eines dieser Ziele gefährdet, wirkt sich dies auch auf die anderen Zieldimensionen aus. Diese Abhängigkeit bedeutet für die Projektpraxis, dass - Sie eine Planung benötigen, welche den Projektablauf mit Termin- und Ressourcenplanung vernetzt. Weiterhin sind entsprechend verzahnte Steuerungs- und Kontrollmechanismen erforderlich, um auf Abweichungen flexibel reagieren zu können – ohne dass eines der Hauptziele vernachlässigt wird. Selbst wenn die Projektaufgabe als Ganzes vielleicht klar ist, sind die einzelnen Ziele zumeist noch vage. Die Zieldefinition ist nicht nur für Sie notwendig, sondern auch für die Kommunikation mit den Stakeholdern. Zudem müssen alle Projektmitarbeiter später auf dieselben Ziele hinarbeiten, was ohne eine klare Zieldefinition schwierig bis unmöglich ist.

Abbildung 10: Das Magische Dreieck des Projektmanagements

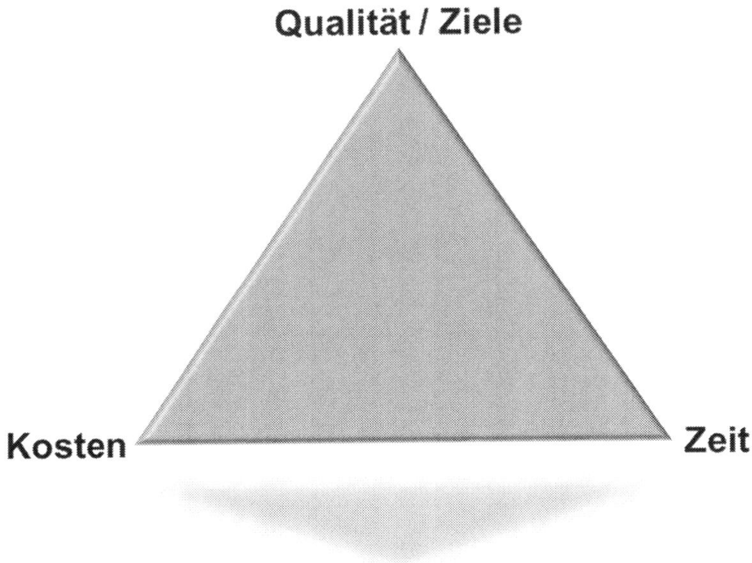

Die Projektziele dienen somit als wichtige **Orientierungshilfe** für alle Beteiligten:

- Klare Definition, welche Ergebnisse zu welchem Zeitpunkt und zu welchen Kosten vorliegen sollen.
- Verbindliche Vorgaben für die Priorisierung und Planung von Projektaktivitäten.
- Verbindliche Kriterien für die Abnahme und Freigabe der Projektergebnisse.
- Eindeutige Kriterien zur Ermittlung des Projekterfolgs.

Nachdem Sie sich Ihre Ziele bewusstgemacht haben, sollten Sie diese klar und eindeutig formulieren und unscharfe Zielbeschreibungen wie die folgenden vermeiden: „möglichst positive Umsatzentwicklung“, „Steigerung der Kundenzufriedenheit“, „erfolgreiche Produkteinführung“. Sämtliche Ziele müssen gut und verständlich formuliert werden. Die Kriterien für klare Zielformulierungen sind im Modell der sogenannten ***SMART*en Ziele** definiert.

Bei diesem Modell stehen die einzelnen Buchstaben für **Eigenschaften**, die eine **klare Zielformulierung** ausmachen:

- **S = spezifisch (der Zielinhalt ist eindeutig)**: Das Ziel muss klar und eindeutig formuliert sein. Hierbei sollten Sie darauf achten, allgemeine, relativierbare Begriffe wie „schnell", „umfassend" oder Ähnliches zu vermeiden. Ziele beschreiben Sie am besten mit klaren Anforderungen an den Endzustand – so als wären diese Ziele bereits erreicht.

- **M = messbar (der Zielerreichungsgrad ist messbar)**: Ein Ziel muss präzise definiert werden, damit Sie objektiv bestimmen können, ob und wann Sie es erreicht haben. Definieren Sie daher alle Ihre Ziele mit bewertbaren Größen.

- **A = anspruchsvoll bzw. attraktiv (das Ziel ist erstrebenswert)**: Ihr Ziel muss für Sie attraktiv, also motivierend sein. Ist das Verhandlungsziel zu einfach zu erreichen, wirkt es nicht motivierend. Nur Ziele, welche realistisch, aber gleichzeitig auch nicht einfach zu erreichen sind, sind attraktive Ziele.

- **R = realistisch (das Ziel ist erreichbar)**: Ihre Ziele müssen realistisch und in der Verhandlung erreichbar sein. Wenn Sie sich Ziele setzen, welche illusorisch sind, demotivieren Sie sich, weil Sie zum Scheitern verurteilt sind.

- **T = terminiert (das Ziel muss innerhalb einer vorgegebenen Zeit erreicht sein)**: Jedes Ziel hat einen definierten Erledigungszeitpunkt.

Insbesondere bei größeren Projekten werden die vereinbarten Ziele und Wünsche des Auftraggebers bzw. Kunden (bei externen Projekten) in einem sogenannten **Lastenheft** oder **Katalog der Projektanforderungen** festgehalten.

Eine **Anforderung** (engl.: requirement) ist eine Aussage über eine zu erfüllende Eigenschaft oder zu erbringende Leistung eines Produktes, eines Prozesses oder der am Prozess beteiligten Personen.

Die Anforderungsanalyse ist der entsprechende Prozess der Untersuchung der Bedürfnisse von Stakeholdern, um zur Definition der Anforderungen zu gelangen.

Um eine hohe Projektakzeptanz sicherzustellen müssen bei der Zielfindung also die Anforderungen des inneren und äußeren Projektumfeldes mitberücksichtigt werden. Anforderungen an Produkte, Prozesse oder Systeme müssen dabei entsprechend qualifiziert werden.

Eine **qualifizierte Anforderung** ist dabei wie folgt charakterisiert:

- Eindeutig (nur eine mögliche Interpretation)
- Nachvollziehbar (Quelle ist bekannt)
- Vollständig (Kennzeichnung offener Punkte)
- Konsistent (keine Widersprüche, konsistente Terminologie)
- Korrekt („richtige" Anforderungen)
- Verifizierbar (Erfüllung kann geprüft werden)
- Änderbar (durch klare Struktur, keine Redundanzen)
- Gewichtet (bzgl. Wichtigkeit und Risiko)

Im Lastenheft, welches auch das Grobkonzept des Projektes beinhaltet und in der Regel vom Auftraggeber erstellt wird, sind Anforderungen und Randbedingungen aus Anwendersicht beschrieben und soweit möglich quantifiziert und überprüfbar.

Gemäß DIN-Norm enthält ein **Lastenheft**, dass auf eine (externe) Produktentwicklung ausgerichtet ist:

- eine grundsätzliche Spezifikation des zu erstellenden Produktes,
- die Anforderungen an das Produkt
- technische Rahmenbedingungen
- vertragliche Rahmenbedingungen

- Anforderungen an den Auftragnehmer
- Anforderungen an das Projektmanagement.

Aufbauend auf dem Lastenheft ist vom Auftragnehmer bzw. dem Projektmanager ein **Pflichtenheft** zu erstellen.

Das Pflichtenheft beinhaltet das Lastenheft und beschreibt für dieses nunmehr ein detailliertes Lösungskonzept.

Es definiert somit, wie und womit die Anforderungen realisiert werden. Es dient meist als Grundlage der Projektfreigabe und der Investitionsbewilligung. Es wird vom Auftraggeber freigegeben.

2.4 Projektauftrag

Insbesondere in internen Projekten fließen die Projektziele häufig direkt in den **Projektauftrag** ein. Dieser ist dabei kein redundanter Formalismus, sondern eines der wichtigsten Dokumente überhaupt für den Projektleiter, da darin sämtliche vereinbarten Rahmenbedingungen festgehalten sind, welche für die Durchführung des Projektes gelten (vgl. Abbildung 11).

Inhalt und Gliederung des Projektantrages/-auftrages:

- Projektname
- Projektauftraggeber
- Projektleiter
- Projektteammitglieder
- Situationsbeschreibung (Hintergrund und Notwendigkeit des Projektes)
- Zielsetzungen
    - Leistung
    - Ecktermine
    - Kostenrahmen
- Aufgabenstellung (Leistungsbeschreibung und Vorschlag zur Vorgehensweise)
- ggf. Rahmenbedingungen und Vorgaben

- Unterschriften der Beteiligten

Abbildung 11: Formblatt für einen Projektauftrag

Opresnik
MANAGEMENT CONSULTING

PROJEKTAUFTRAG	
Projektleitung: ▪	
Auftraggeber: ▪ Kunde (extern)	**Lenkungsgruppe:** ▪ Nutzer (intern)
Situation und Motivation (Vision und Strategie): ▪	
Projektstartereignis: ▪ Projektauftrag erteilt	**Projektendereignis:** ▪
Terminziel (als Rahmendatum): ▪	**Terminziel (als Fixdatum):** ▪
Kostenziel (als Rahmendatum): ▪	**Kostenziel (als Fixdatum):** ▪
Projektgegenstand: ▪	
Vorgaben und Anforderungen: ▪	
Projektziele (SMART): ▪	**Nicht-Projektziele:** ▪
ProjektauftraggeberIn: ▪ NN ________________ Datum und Unterschrift	**ProjektleiterIn:** ▪ NN ________________ Datum und Unterschrift

Der Projektauftrag wird vom Auftraggeber und der Projektleitung unterzeichnet.

2.5 Projektorganisation

Projekte stehen nicht isoliert in der Umgebung, sondern sind in bestehende Organisationen eingebunden oder werden stark von diesen beeinflusst.

Obwohl diese Einflüsse durch das eigene Unternehmen, durch Projektpartner oder andere Projektbeteiligte zu berücksichtigen sind, existieren für die Eingliederung eines Projekts in die Unternehmensorganisation **drei grundlegende Organisationsformen**:

- Die reine Projektorganisation,
- die Matrixorganisation und
- die Projektkoordination (Staborganisation).

2.5.1 Reine Projektorganisation

Bei der reinen Projektorganisation wird das Projekt vollständig aus der Primärorganisation ausgelagert, der Projektleiter ist für die Projektdauer der disziplinarische Vorgesetzte der Projektmitglieder und entscheidet über den Einsatz der Projektressourcen (vgl. Abbildung 12).

Vorteile dieser Organisationsform

- Schnellste und schlagkräftigste Projektorganisationsform, kürzeste Kommunikationswege
- Optimale Ausrichtung auf das Projektziel
- Hohe Identifikation der Mitarbeiter mit dem Projekt

Nachteile dieser Organisationsform

- Problem der Auflösung nach Projektende
- Gefahr von Parallelentwicklungen in Projekt und Linie
- Teuerste Form (große Investitionen)
- Risiko der Konkurrenz zwischen Projekt und Linienfunktionen
- Hohe Anforderungen an die Projektleitung

Abbildung 12: Reine Projektorganisation

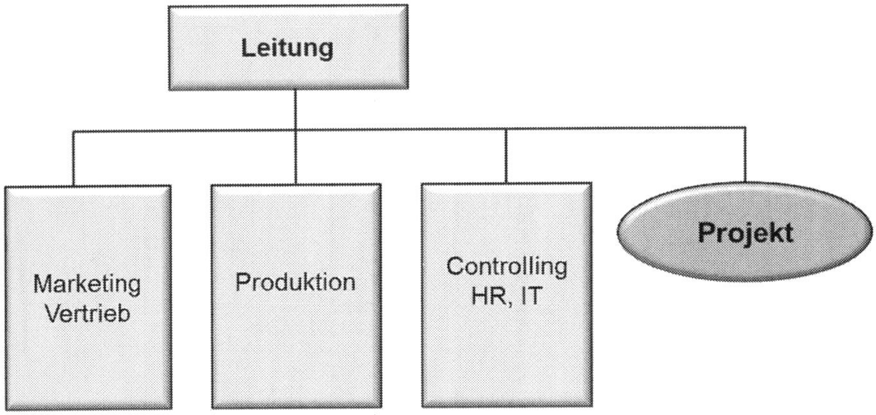

2.5.2 Matrixorganisation

Bei der Matrixorganisation übernimmt der Projektleiter die Verantwortung für das Projekt, delegiert die Verantwortung für Projektteilaufgaben aber an die involvierten Abteilungen. In den Abteilungen werden einzelne Mitarbeiter voll- oder teilzeitlich dem Projekt zugeordnet, bleiben aber dem jeweiligen Linienvorgesetzten (Abteilungsleiter) disziplinarisch unterstellt. Die Kompetenzen der Primärorganisation überschneiden sich demnach mit denjenigen der Projektleitung (vgl. Abbildung 13).

Vorteile dieser Organisationsform

- Schnelle Bildung interdisziplinärer Gruppen
- Keine Versetzungsprobleme
- Förderung von Synergieeffekten
- Schnellere (Re-)Aktion in und mit Projekten
- Zwingt zum Unternehmerdenken bei allen Stellen
- Kein Kontaktverlust zur Linie

Nachteile dieser Organisationsform

- Konflikte durch Mehrfachunterstellung

- Teilung von Macht und Verantwortung auf viele Beteiligte
- Das Konfliktpotential zwischen Projekt- und Linienorganisation ist sehr hoch

Abbildung 13: Matrixorganisation

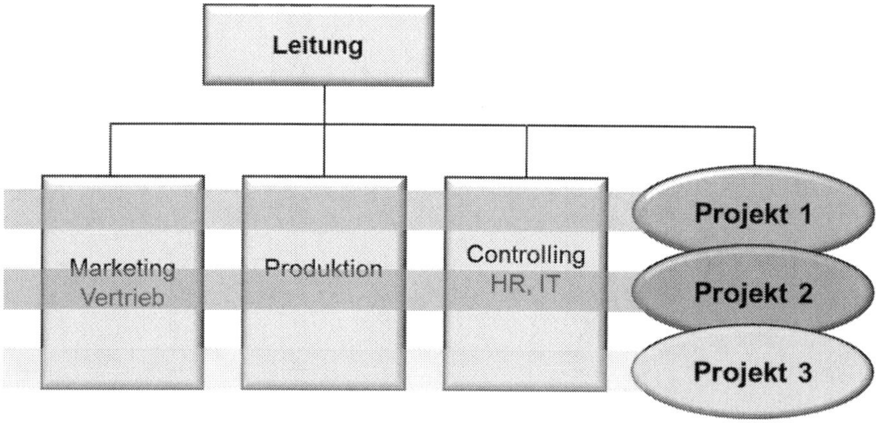

2.5.3 Stabsorganisation

Die **Stabsorganisaton** – auch **Einflussprojektmanagement** oder **Projektkoordination** genannt - bedeutet, dass ein Projektkoordinator eingesetzt wird, der über keine Weisungsbefugnis verfügt, sondern lediglich die Entscheidungen der Linieninstanzen vorbereitet. Die Projektleitung nimmt eine Stabsfunktion wahr, indem sie den Projektablauf koordiniert. Dem Projektleiter obliegt nur die Koordination des Projekts, er hat keinerlei Weisungsbefugnis und agiert wie ein beratender Dienstleister innerhalb des Unternehmens. Die Projektmitarbeiter verbleiben in ihrer Linienorganisation, arbeiten meist nur nebenbei für das Projekt und unterstehen weiter der Weisungsbefugnis ihres jeweiligen Vorgesetzten. Hauptfunktion der Projektleitung ist die Abstimmung und Absprache mit dem Leiter des Linienbereiches. (vgl. Abbildung 14).

Vorteile dieser Organisationsform

- Kostengünstig

- Getrennte Bereiche können zu einer gesteuerten Kooperation veranlasst werden
- Geringe Veränderungen in der bestehenden Organisation
- Macht und Einfluss bleiben bei den Fachbereichen
- Geringe organisatorische Änderungen und Investitionen

Abbildung 14: Stabsorganisation

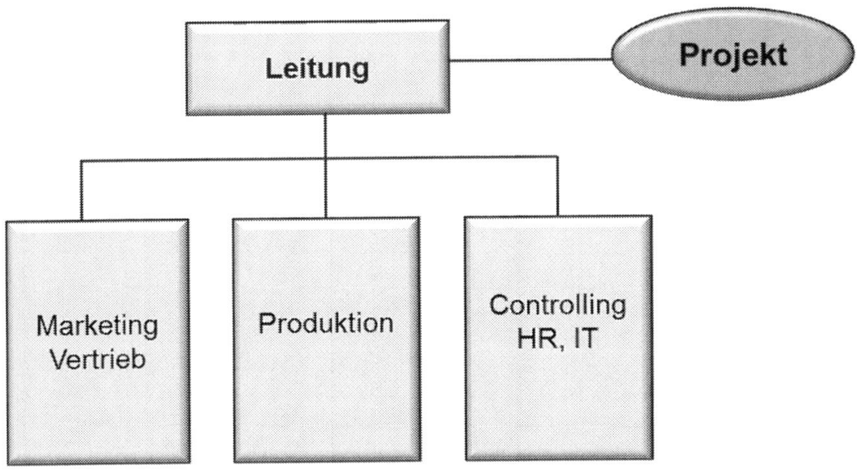

Nachteile dieser Organisationsform

- Der Projektkoordinator hat kaum Weisungsbefugnisse
- Unklare Verantwortungsverhältnisse
- Hoher Koordinationsaufwand
- Abteilungsegoismen behindern Projektarbeit
- Geringe Reaktionsgeschwindigkeit
- Doppelrolle des Projektleiters (Fachexperte und Koordinator)

2.6 Kick-Off-Meeting

Das Kick-Off-Meeting ist die Nahtstelle zwischen Projektentwicklung und –durchführung.

An dieser konstituierenden Sitzung nehmen neben dem Projektleiter und den Projektmitarbeitern in der Regel auch der Auftraggeber, der Lenkungsausschuss und etwaige interne und externe Stakeholder teil.

Das **Meeting** wird vom Projektleiter einberufen und verfolgt folgende **Ziele**:

- Gleicher Informationsstand für alle Projektmitglieder
  - Auftraggeber und Bedeutung des Projektes
  - Projektauftrag, Projektziele, Projektaufgaben
  - Zeitplanung und Meilensteine
  - Vorgehensweise und Methoden
- Kennen lernen der Projektmitglieder untereinander
- Rolle und Erwartungen der Projektmitglieder
- „Gemeinsame Spielregeln"
- Verteilung von Aufgaben

Auf der **Agenda** des Kick-Off-Meetings stehen z. B.:

- Inhalt und Zielsetzung des Projekts
- Vorstellung des Teams
- Vorstellung der Aufgaben des Teams

2.7 Zusammenfassung

- Ziel einer **Situationsanalyse**, die bestehende Ausgangs- oder Problemsituation zu erfassen und zu bewerten. Ihr Ergebnis entscheidet darüber, ob ein Projekt überhaupt gestartet und durchgeführt wird.
- Die **SWOT-Analyse** oder auch **Stärken-Schwächen-Analyse** dient zur systematischen Betrachtung von Produkten, Prozessen,

Teams, Unternehmen und anderen zu analysierenden Objekten, um bestehende Probleme lösen und bestehende Chancen nutzen zu können.

- Das **Magische Dreieck des Projektmanagements** besteht aus den Dimensionen Qualität, Kosten und Zeit.
- Die Kriterien für klare Zielformulierungen sind im **Modell der sogenannten SMARTen Ziele** definiert.
- Die vereinbarten Ziele und Wünsche des Auftraggebers bzw. Kunden (bei externen Projekten) werden in einem sogenannten **Lastenheft** oder **Katalog der Projektanforderungen** festgehalten.
- Das **Pflichtenheft** beinhaltet das Lastenheft und beschreibt für dieses nunmehr ein detailliertes Lösungskonzept.
- Der **Projektauftrag** ist eines der wichtigsten Dokumente für den Projektleiter, da darin sämtliche vereinbarten Rahmenbedingungen festgehalten sind, welche für die Durchführung des Projektes gelten.
- Für die Einbindung eines Projektes in das Unternehmen existieren drei grundlegende **Projekt-Organisationsformen**:
    - Reine Projektorganisation
    - Matrixorganisation
    - Projektkoordination
- Das **Kick-Off-Meeting** ist die Nahtstelle zwischen Projektentwicklung und –durchführung.

3. Projektplanungsphase

„Planung ersetzt den Zufall durch den Irrtum“, soll schon der theoretische Physiker Albert Einstein (1879-1955) gesagt haben. Dieses Zitat wird scheinbar bestätigt, vergleicht man die Anfangsplanung vieler Projekte mit deren letztendlicher Ausführung vergleicht, insbesondere Großprojekte vergangener Jahre wie z. B. der Bau der Elbphilharmonie in Hamburg, was wiederum zu dem Schluss verleiten könnte, dass Planung größtenteils sinnlos ist. Das Gegenteil ist aber richtig: Eine zielgerichtete Projektplanung ist die Grundlage für eine sach-, termin- und aufwandsgerechte Projektabwicklung. Die Zeit, die in eine sorgfältige Projektplanung investiert wird, zahlt sich während der Projektabwicklung mehrfach aus, wie auch die nachstehende Abbildung verdeutlicht (vgl. Abbildung 15).

Abbildung 15: Bedeutung der Planung für den Projektverlauf

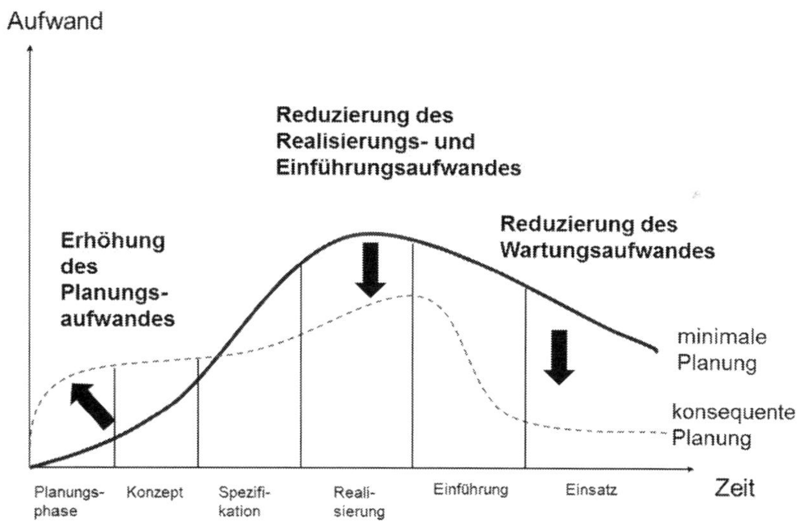

Fehlentscheidungen werden teilweise vermieden und die Auswirkungen einmal getroffener Fehlentscheidungen können rechtzeitig abgeschätzt werden.

Das gilt jedoch nur für den Fall, dass die Planungsunterlagen permanent aktualisiert und für das Projektmanagement herangezogen werden müssen, da gerade bei komplexen Projekten sind unvorhergesehene Vorfälle alltäglich. Projekte sind immer mit komplexen Aufgaben verbunden, neuen Lösungswegen, hohen Risiken und unterschiedliche Menschen mit diversen Aufgaben, was eine entsprechend problemadäquate Planung nicht nur zum Entscheidungshilfe, sondern zur Grundvoraussetzung für einen erfolgreichen Projektabschluss werden lässt.

Ziele der Projektplanung sind:

- Ermittlung realistischer Zielvorgaben bezüglich
  - der zu erbringenden Arbeitsleistung
  - der hierbei notwendigen Teilschritte
  - der zugehörigen Termine
  - der erforderlichen Ressourcen und Kosten

Die Projektplanung liefert somit **Vorgaben** für

- die eigentliche Projektdurchführung
- die spätere Projektüberwachung und -steuerung
- Soll / Ist-Vergleiche

Die **Vorteile der Planung** im Einzelnen sind:

- Planung gibt der ursprünglichen Idee eine nachvollziehbare Struktur, wodurch Terminabweichungen oder sonstige Fehlentwicklungen früher erkannt und behoben werden können.
- Planung ist die Grundvoraussetzung für die Steuerung und Kontrolle des Projekts – nicht nur für den Projektleiter und sein Team, sondern auch für den Auftraggeber und das Reporting.
- Jedes Teammitglied weiß, was es zu tun hat und bis wann.

Die Projektplanung bildet folglich die Basis für die Steuerung des Projektes sowie die Kontrolle des Projektfortschritts.

Den für den Projekterfolg entscheidenden Schwerpunkt der Projektabwicklung stellt mithin die Planung dar. Sie nimmt bis zu 50% der gesamten Projektzeit in Anspruch, denn in der Planungsphase bestehen die besten Möglichkeiten, die Weichen für eine sichere und erfolgreiche Projektrealisierung zu stellen. Planen heißt, das zukünftige Geschehen gedanklich vorwegzunehmen. Die Planung des Projektes setzt die Erteilung eines schriftlichen Projektauftrags bzw. die Genehmigung des Projektantrages an den Projektleiter voraus. Eine umfassende Projektplanung beinhaltet - unabhängig von der Projektcharakteristik – die in nachstehender Abbildung angeführten Arbeitsschritte und Dokumente (vgl. Abbildung 16).

Abbildung 16: Elemente der Projektplanung

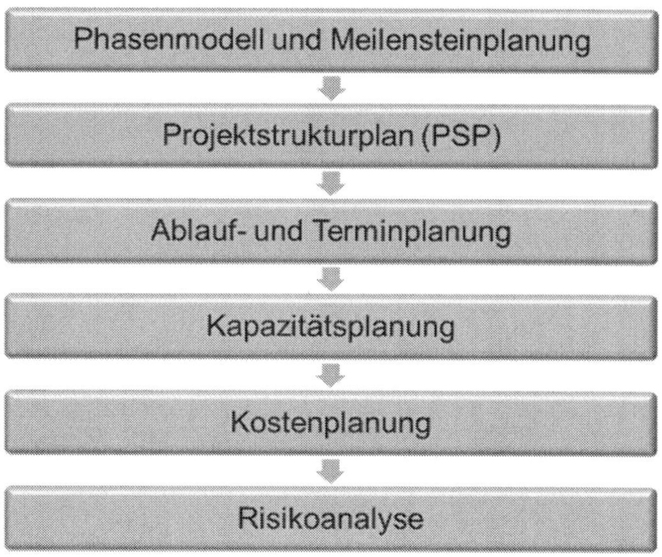

3.1 Phasenmodell und Meilensteinplanung

Auf Basis des Projektauftrages muss die Projektleitung in Abstimmung mit der Leitung der Trägerorganisation ein Phasenmodell entwickeln und die Meilensteine planen.

Das Phasenmodell, auch als Phasenplan bezeichnet, spiegelt den Projektlebenszyklus wider. Die Projektphase ist definiert als zeitlicher Abschnitt eines Projektablaufes, der sachlich gegenüber anderen Abschnitten getrennt ist.

Das Projektphasenmodell stellt also die Gliederung des Weges, der zu dem Projektergebnis führt, dar. Durch die Einteilung in Phasen wird der Projektablauf grob in überschaubare Einheiten strukturiert. Die Aufteilung des Projektes in einzelne Projektphasen verbunden mit Zusatzinformationen wie Inhalte/Ergebnisse, Aufwand, Kosten und Zuständigkeiten ist – bei externen Projekten - in der Regel Bestandteil eines jeden Angebotes. Die vereinbarte Zahlungsweise nimmt sehr oft auf die Phasen Bezug (vgl. Abbildung 17).

Es gibt eine Vielzahl von unterschiedlichen Projektphasenmodellen, die jedoch lediglich als Orientierungshilfe dienen können. Vielmehr muss bei jedem Projekt individuell die Anzahl und Art der Phasen festgelegt werden. Jeder Projektleiter muss für sein konkret durchzuführendes Projekt die ihm geeigneten Abschnitte des Projektes und deren Tätigkeiten festlegen, so dass die durch die Einführung eines Phasenmodells angestrebten Zielsetzungen im Sinne der definierten bewertbaren Zwischenergebnisse, die zur Kontrolle und als Entscheidungspunkte dienen sollen, auch erreicht werden.

Im Hinblick auf die Abgrenzung der einzelnen Projektphasen treten folgende **Herausforderungen** auf:

- Können die Tätigkeiten einer Phase wirklich so bestimmt werden, dass zu einem bestimmten Zeitpunkt alle Tätigkeiten einer Phase mit ihren Ergebnissen abgeschlossen sind?
- Ist es möglich, die Tätigkeiten einer Phase so zu gestalten, dass alle Tätigkeiten erst nach der generellen Freigabe der Phase beginnen müssen?
- Es treten häufig zeitraubende Tätigkeiten auf, die vorzeitig begonnen werden müssen, obwohl die Freigabe der Betroffenen Phase erst später erfolgt. Hier gilt es, eine Risikoabschätzung für mögliche Verluste durchzuführen, wobei das Risiko für einen eintretenden Terminverzug einen Zielkonflikt erzeugt.

Abbildung 17: Formblatt für ein Phasenmodell mit Meilensteinen

Opresnik MANAGEMENT CONSULTING

PROJEKT-PHASENMODELL UND MEILENSTEINPLANUNG		
Projektleitung		
Auftraggeber	Kunde (extern)	
Lenkungsgruppe	Nutzer (intern)	
Planungsphase	**Phaseninhalt und Meilenstein**	**Dauer**
Projektdefinition	Problemanalyse, Zielfindung, Anforderungsermittlung	
	Meilenstein: Zielkatalog und Anforderungsliste erstellt	
Lösungs- und Konzeptfindung	Problemanalyse, Zielfindung, Anforderungsermittlung • Projektleiter bestimmen • Phasenmodell und Meilensteinplan • Teilprojekte ermitteln	
	Meilenstein: Detailliertes Lösungskonzept erstellt	
Detaillierung des Konzeptes	• Arbeitspakete ermitteln • Projektstrukturplan erstellen • Organigramm für die einzelnen Teilprojekte bzw. Arbeitspakete	
	Meilenstein: Detailliertes Gesamtkonzept erstellt	
Ausarbeitung aller Realisierungsunterlagen	• Arbeitspaketbeschreibungen • Ablaufplanung • Risikoanalyse • Kostenplanung	
	Meilenstein: Organisationsunterlagen erstellt	
PSP-Nr.	**Meilenstein**	**Dauer**

- Auch Rücksprünge in bereits abgeschlossenen Phasen und damit Wiederholungen von Tätigkeiten können erforderlich sein, wenn z. B. in der Realisierungsphase eines F&E Projektes erst beim Bau des Prototyps sichtbar wird, dass das technische Konzept der Lösung oder von Teillösungen nicht geeignet ist.

Das Ende einer Phase ist jeweils durch einen „**Meilenstein**“ gekennzeichnet; er bildet somit das „**Phasenprodukt**“.

Ein **Meilenstein**

- stellt einen Überprüfungspunkt während der Projektarbeit dar
- ist mit der Lieferung von gewünschten Resultaten / Ergebnissen verknüpft
- beschreibt einen Zustand, in dem sich das Projekt zu einem bestimmten Zeitpunkt befinden sollte
- ermöglicht dem Management zu überprüfen, ob ein Projekt auf dem richtigen Kurs ist

In der DIN 69901 werden Meilensteine als „**Ereignisse besonderer Art**“ bezeichnet. Sie sind immer anhand eines konkreten Ergebnisses mess- und bewertbar.

Meilensteine können sein:

- Beginn/ Ende einer Projektphase
- wichtige Ergebnisse
- wesentliche Entscheidungen.

Meilensteine ermöglichen eine Standortbestimmung und eine Entscheidung hinsichtlich der Fortsetzung des Projektes und damit den Beginn der Folgephase. Meilensteine stellen dabei nicht nur für das Projekt selbst, sondern auch für das Projektteam und dessen Motivation markante Ergebnisse dar und sollten entsprechend gewürdigt werden. Auch Projektanfang und -ende sind Meilensteine. An einem Meilenstein kontrollieren Sie, Ihr Auftraggeber oder verantwortlicher Entscheider das bisherige Ergebnis, z. B. daraufhin, ob bestimmte Kostenziele erreicht worden sind. Erst wenn das Phasenprodukt der Überprüfung standgehalten hat, wird die nächste Phase genehmigt. Sie sollten daher die Meilensteine immer mit allen verantwortlichen Stakeholdern abstimmen.

Vor diesem Hintergrund ist es sinnvoll, die Meilensteine in Tabellenform in einem separaten **Meilensteinplan** festzuhalten (vgl. Abbildung 18).

Abbildung 18: Formblatt für einen Meilensteinplan

Opresnik MANAGEMENT CONSULTING

PROJEKT-MEILENSTEINPLAN				
PSP-Nr.	Meilenstein	Basis-termine	Aktuelle Plantermine	Ist Termine

Das **Phasenmodell** ermöglicht während der Projektabwicklung zu jedem Zeitpunkt eine schnelle Standortbestimmung. Mit einem solchen Modell wird die Projektabwicklung zu einer in Abschnitten überprüfbaren Aufgabe.

Es werden bewusst Kontrollpunkte (Meilensteine) als Entscheidungseinschnitte eingeführt, an denen die erreichte Arbeit geprüft, ggf. korrigiert oder gar entschieden wird, dass das Projekt nach der Ergebnisbewertung einer Phase abgebrochen werden sollte. Ein Phasenmodell ersetzt dabei nicht die zu einem späteren Zeitpunkt zwingend erforderliche detaillierte Projektablaufplanung, sondern stellt lediglich die Basis für diese dar.

Die Unterteilung eines Projektes in Phasen bringt im Allgemeinen die folgenden **Vorteile** mit sich:

- Phasen schaffen Entscheidungspunkte für zunächst eher „unübersichtliche" Aufgaben
- Die Projektleitung kann systematischer und strukturierter vorgehen, die anstehenden Probleme eher erkennen, über Lösungsmöglichkeiten nachdenken und die bestmögliche Lösung umsetzen.
- Die Kontrolle wird grundsätzlich erleichtert.
- Die Planung nach Phasen fördert das proaktive Risikomanagement.

Im Folgenden werden die **einzelnen Phasen** kurz erläutert:

- **Phase 1: Projektdefinition**

  Die Ermittlung der Projektziele sollte möglichst ohne Berücksichtigung konkreter Lösungsalternativen erfolgen. Vielmehr sollen Lösungen und Konzepte zur Zielerreichung bewusst erst in einem späteren Schritt erarbeitet werden.

  Erste Zielhinweise lassen sich wie bereits weiter oben dargestellt aus einer allgemeinen Situationsanalyse gewinnen unter Berücksichtigung von

  - Projektauftrag
  - Unternehmensziele
  - Unternehmensumfeld.

  Häufig steht am Anfang eines Projektes eine optimierungsbedürftige IST-Situation, deren Beschreibung im Allgemeinen verhältnismäßig einfach ist. Die Formulierung von Zielen und insbesondere die Entwicklung von Lösungen ist demgegenüber wesentlich schwerer und erfordert ein hohes Maß an Abstraktionsfähigkeit und Kreativität.

Für die Wahrnehmung der Managementaufgaben im Projekt sind Zielbeschreibungen erforderlich, welche für die Projektbeteiligten den Charakter von Zielvereinbarungen haben. Die Zielvereinbarungen müssen vor der Freigabe der nächsten Phase schriftlich, ggfs. durch einen Vertrag, dokumentiert werden.

Mit Hilfe der Zielvereinbarungen kann das Projektmanagement

- Die Gesamtentwicklung des Projektes steuern
- Die erreichten Arbeitsergebnisse bewerten
- Die Leistungen der Fachabteilungen widerspruchs- und konfliktfrei koordinieren.

- **Phase 2: Lösungs- und Konzeptfindung**

Als Ergebnis der Lösungs- und Konzeptfindung im Sinne einer Realisierungsklärung resultiert das **Pflichtenheft**, das die Realisierung aller im **Lastenheft** aufgeführten Anforderungen beschreibt. Das Pflichtenheft definiert, wie und womit die Anforderungen realisiert werden. Es dient meist als Grundlage der Projektfreigabe und der Investitionsbewilligung. Es wird vom Auftraggeber freigegeben. In der Regel werden die Lösungsvorschläge vor der Leitung präsentiert, um die Freigabe zur Ausplanung der weiteren Phasen zu erreichen.

- **Phase 3: Detaillierung des Konzeptes**

In dieser Phase sind die Arbeitspakete des Projektes zu ermitteln und im Rahmen eines Projektstrukturplanes zu gliedern. In der Strukturplanung wird das Gesamtprojekt als Produktstruktur in einem Projektstrukturplan dargestellt und in Teilprojekte (TP), Teilaufgaben (TA) und Arbeitspakete (AP) gegliedert. Die Arbeitspakete bestehen wiederum aus Vorgängen (VG), die als kleinste Projekteinheiten mit Zeiten, Kapazitäten und Kosten belegt werden. Vorgänge sind kein Bestandteil der Darstellung im Projektstrukturplan.

- **Phase 4: Ausarbeitung aller Realisierungsunterlagen**

  In diese Phase fällt die Erstellung aller Dokumente, welche für die Realisierung des Projektes erforderlich sind:

  - In der **Ablaufplanung** werden die Strukturplanungselemente auf der Ebene der Vorgänge (VG) in eine ablaufbedingte logische Reihenfolge gebracht. Hier beginnt der Einsatz des bekannten Hilfsmittels der Netzplantechnik. Zusätzlich wird über die Einbeziehung der zeitlichen Dauer der Vorgänge (VG) und deren Anordnungsbeziehung die Zeitrechnung des Projektes (Zeitpunkte, Termine, Pufferzeiten, kritischer Weg) im Netzplan durchgeführt.
  - In der **Kapazitätsrechnung** werden die erforderlichen Einsatzmittel je Arbeitspaket (AP) zu einem Gesamt-Kapazitätsbedarf über der Zeit zusammengestellt.
  - In der **Kostenplanung** werden die Einsatzmittel wertmäßig je Arbeitspaket (AP) erfasst und die Kostenstruktur des Projektes berechnet, über der Zeit wird anschließend die erforderliche Kapitalbedarfsentwicklung dargestellt. In einer realisierungsbegleitenden Kostenkontrolle wird der tatsächliche Ausgabenverlauf dem geplanten gegenübergestellt.
  - Die **Risikoanalyse** listet die identifizierten Risiken auf und bewertet sie hinsichtlich der Dimensionen „Eintrittswahrscheinlichkeit" und „Schadensausmaß". Zusätzlich sind in der Risikoanalyse mögliche Gegenmaßnahmen aufzulisten.

3.2 Projektstrukturplan (PSP)

Projekte sind komplexe Vorhaben, sie lassen sich nicht einfach „abarbeiten". Die Projektaufgaben werden daher in **Teilprojekte** und **Arbeitspakete** unterteilt, welche hierarchisch in der **Projektstruktur** zusammengefasst und im **Projektstrukturplan (PSP)** dargestellt werden.

Der Projektstrukturplan ist eine übersichtliche, systematische und meist grafische Darstellung aller wesentlichen Aufgaben eines Projektes, die erforderlich sind, um den Projektgegenstand zu erstellen bzw. zu erreichen.

Abbildung 19: Projektstruktur- und Projektablaufplanung

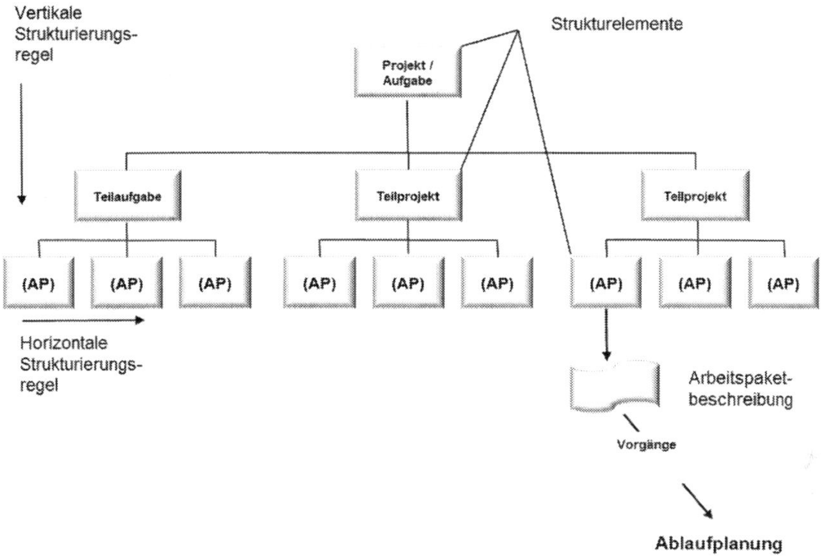

Ziel des Projektstrukturplans ist es, aus dem Projekt resultierende Aufgaben mit Verantwortlichkeiten festzulegen und damit eine Basis für Folgeplanungen zu bieten.

Die **Funktionen des Projektstrukturplans** sind:

- Darstellung des Projektgegenstandes in seiner Gesamtheit
- Aufdeckung von Unklarheiten in der Zieldefinition
- Bestimmung aller kontrollierbaren Arbeitseinheiten (Arbeitspakete, Teilaufgaben)
- Ordnen aller Arbeitspakete nach Zusammengehörigkeit
- Schaffung von Transparenz im Projekt
- Förderung einer gemeinsamen Sichtweise des Projektgegenstandes
- Förderung eines Durchgängigen Ordnungsprinzips
- Verständigung im späteren Änderungsmanagement

Damit stellt dieser Plan den **Kern des Projektmanagements** dar, da er für Ordnung im Projekt sorgt und die Basis für die Projektsteuerung darstellt.

3.2.1 Elemente eines Projektstrukturplans

Ein PSP gliedert das Projekt gemäß der nachfolgenden Abbildung hierarchisch in Teilaufgaben (TA) und Arbeitspakete (AP). Die hierarchische Struktur wird durch den englischen Begriff „**Work Breakdown Structure**" (WBS) anschaulich verdeutlicht.

Eine Teilaufgabe (TA) ist definiert als Teil eines Projektes, der im Projektstrukturplan weiter aufgegliedert werden kann.

Eine Teilaufgabe ist also die obere Hierarchieebene eines PSPs, in ihr werden mehrere zu einem Teilprojekt oder zu einer Teilfunktion gehörende Arbeitspakete zusammengefasst. Für jedes Projekt ist die Anzahl und der Umfang der Teilaufgaben individuell festzulegen.

Ein Arbeitspaket (AP) ist definiert als Teil eines Projektes, welcher im Projektstrukturplan nicht weiter aufgegliedert ist und auf einer beliebigen Gliederungsebene liegen kann.

Ein Arbeitspaket ist ein in sich geschlossenes Element, das mit klaren Abgrenzungen und definierten Schnittstellen zu anderen Arbeitspaketen zur Abarbeitung komplett an eine Organisationseinheit (z. B. Fachabteilung) verantwortlich delegiert werden kann. Jedes Arbeitspaket hat <u>einen</u> Arbeitspaketverantwortlichen und ermöglicht somit der Projektleitung, Verantwortung zu delegieren und dabei Transparenz für alle zu schaffen.

3.2.2 Aufbau und Gliederung eines Projektstrukturplans

Mit dem Projektstrukturplan bekommen Sie und die Projektmitglieder einen Überblick hinsichtlich der zu erledigenden Aufgaben, die Zusammenhänge und die Schnittstellen (vgl. Abbildung 19).

Die Erstellung eines PSPs kann grundsätzlich nach **drei Gliederungsprinzipien** erfolgen:

- **Phasenorientierte Gliederung**: Diese häufig anzutreffende Gliederungsform ist zum Beispiel bei Entwicklungsprojekten sinnvoll, bei denen verschiedene Phasen durchlaufen werden, bevor das Endprodukt fertig gestellt wird.

- **Objektorientierte Gliederung**: Diese Gliederungsform bietet sich an, wenn eine Vielzahl von ähnlich gearteten Objekten auf ähnliche Art und Weise von dem Projekt betroffen sind.

- **Funktionsorientierte Gliederung**: Bei der funktionsorientierten Gliederung wird das Projekt analog zu den Unternehmensfunktionen untergliedert. Es gibt also beispielsweise ein Teilprojekt für die Fertigung, eines für den Einkauf, eines für das Marketing etc. Diese Gliederungsform ist oft von Vorteil, weil sie allen Beteiligten vertraut ist und die Berichtsstruktur in die jeweilige Linienorganisation, relativ unkompliziert ist.

Neben den o. g. Gliederungsformen sind auch **Mischformen** möglich.

3.2.3 Erstellen eines Projektstrukturplans

In der Praxis hat sich folgender **Prozess der Erstellung eines PSPs** bewährt:

1. **Gliederung festlegen**

   Ein Projekt kann nach wie oben beschrieben nach Phasen, Objekten oder Funktionen gegliedert werden. Sinnvoll ist es, sich zu Beginn für ein Gliederungsprinzip zu entscheiden.

2. **Vorgehen festlegen**

   Der Projektstrukturplan wird im Rahmen der Projektstartphase idealerweise in Form eines Workshops unter Mitwirkung eines gut ausgewählten Teilnehmerkreises, welcher u. a. die Projektmitglieder beinhalten sollte, erstellt. Bei komplexen Projekten sollte vorher festgelegt werden, welche Projektmitglieder bei einem entsprechenden Workshop mitmachen sollten.

3. Auflistung aller Aufgaben

Der nächste Schritt bei der Erstellung eines Projektstrukturplans ist die vollständige Auflistung aller Aufgaben, die im Rahmen des Projektes in Form von Teilaufgaben und Arbeitspaketen zu erledigen sind. In der Praxis eignen sich dazu vor allem die Methode des Brainstormings oder Mind-Mappings.

Ziel ist es, alle notwendigen Aktivitäten kreativ zu sammeln, um sie im nächsten Schritt sinnvoll zu strukturieren. In der Regel gibt es schon viele Informationen, die Sie hier als Grundlage nutzen können:

Risikoanalyse: Welche Maßnahmen wurden zur Minimierung von Risiken beschlossen und müssen im Projekt berücksichtigt werden?

Stakeholderanalyse: Welche Maßnahmen wurden für den Umgang mit Stakeholdern festgelegt?

Zielanalyse: Welche Aktivitäten können aus den Projektzielen abgeleitet werden?

4. Die Aufgaben clustern

Die definierten Aufgaben werden nach Themenbereichen oder zeitlichem Ablauf geclustert. Die beste Methode für die Sortierung hängt vom Projektinhalt ab und muss von Fall zu Fall definiert werden. Durch Zusammenfassen und Untergliedern entsteht die Projektstruktur mit Teilprojekten, Teilaufgaben und Arbeitspaketen.

5. Codierung festlegen

Die Kennzeichnung von Teilaufgaben (TA), Arbeitspaketen (AP) und Vorgängen (VG) über eine Codierung ist eine wichtige Voraussetzung für die weitere Projektbearbeitung. Die Codierung

- liefert die Grundlage für die EDV-Unterstützung (Berechnungen, Selektierungen, Verdichtungen, Sortierungen),

- schafft einen direkten Bezug zwischen der Kennzeichnung der Arbeitsdokumente und dem Projektstrukturplan,
- verbessert und vereinfacht Orientierung und Kommunikation,
- ist Basis für Berichtswesen und Projektcontrolling.

Die Code-Struktur eines Kennzeichnungsschlüssels ist wie der Projektstruktur-plan selbst auch hierarchisch aufgebaut und kann entweder aus einem numerischen, einem alphabetischen oder einem gemischt alphanumerischen Code bestehen. Die Art und die Länge des Schlüssels hängt von der Projektart, dem Umfeld und der Komplexität des Projektstrukturplanes ab. Generell ist darauf zu achten, dass der gewählte Schlüssel nicht unnötig kompliziert, sondern möglichst einfach und übersichtlich aufgebaut ist. Ein Codierungs- Schlüssel muss bei den Projektbeteiligten schnell eine hohe Akzeptanz finden (sie müssen ihn als kennzeichnendes Hilfsmittel verinnerlichen), sie ist eine notwendige Voraussetzung für den erfolgreichen Einsatz des Schlüssels. Aus diesem Grunde sollte der entwickelte Code-Schlüssel mit allen am Projekt beteiligten Abteilungen abgestimmt und von allen verabschiedet werden.

3.2.4 Arbeitspaketbeschreibung

Auf der untersten Ebene des Projektstrukturplans werden die erforderlichen Aktivitäten aufgelistet. Diese Aktivitäten werden auch **Arbeitspaket (AP)** oder **PSP-Element** genannt.

Ein Arbeitspaket

- ist eine sinnvolle, für sich bearbeitbare Teilaufgabe
- hat ein eindeutig definierbares Arbeitsergebnis
- lässt sich vollständig an eine verantwortliche Person (oder ein Team) delegieren
- hat einen planbaren, kontrollierbaren Aufwand

Abbildung 20: Formblatt für eine Arbeitspaketebeschreibung

Opresnik
MANAGEMENT CONSULTING

ARBEITSPAKET-BESCHREIBUNG	
Teilprojekt	
AP-Nr.	
AP-Bezeichnung	
AP-Verantwortlicher	
Voraussetzungen / Abhängigkeiten / Schnittstellen	**Schnittstellen mit anderen AP** | **Bearbeitet von:**
Risiken	•
Zu erbringende Leistungen / Vorgänge / Ergebnis	**AP-Inhalt** *(Was soll getan werden?)* •
	AP-Nicht-Inhalte *(Was soll nicht getan werden?)* •
	AP-Ergebnisse *(Was liegt nach Beendigung des Arbeitspaketes vor?)* •
Starttermin	
Endtermin	
Aufwand (PT)	
Kosten	
Datum, Unterschrift	**AP-Verantwortlicher:** **Datum, Unterschrift**

Die **Beschreibung der Arbeitspakete (AP)** und die Festlegung der Rahmenbedingungen erfolgt schriftlich mit Hilfe von AP-Beschreibungsformularen, die von der Projektleitung und dem AP-Verantwortlichen unterschrieben werden. AP-Beschreibungen stellen für den Projektleiter ein wichtiges **internes Steuerungsinstrument** dar (vgl. Abbildung 20).

Jedes Arbeitspaket sollte genau beschrieben werden, mindestens mit folgenden **Merkmalen**:

- Ziel/Ergebnis: Wie definiert sich die Aufgabenerfüllung?
- Inhalt und Umfang: Welche Aktivitäten bzw. Vorgänge gehören zu diesem Arbeitspaket?
- Verantwortliche und Mitarbeiter, der/die am Arbeitspaket beteiligt ist/sind
- Aufwand: z. B. Personentage oder Stunden, welche zur Erledigung nötig sind
- Dauer: Zeitraum, in dem das Arbeitspaket bearbeitet werden sollte
- Starttermin und Endtermin
- Vorgänger: An welches andere Arbeitspaket schließt sich das Arbeitspaket an?
- Nachfolger: Welches Arbeitspaket folgt danach?

In der Praxis hat es sich bewährt, für die Arbeitspaketbeschreibung ein einheitliches **Template** – analog zu der oben beispielhaft aufgezeigten Abbildung - vorzugeben.

3.3 Ablauf- und Terminplanung

Der **Ablaufplan** ist eine Detaillierung des Projektstrukturplans mithilfe der Arbeitspakete, welcher verdeutlicht, wie die einzelnen Tätigkeiten zusammenhängen.

Die Projektablaufplanung beantwortet grundsätzlich die folgenden **Fragen**:

- In welcher logischen Reihenfolge sind die Arbeitspakete auszuführen?

- Welche Arbeitspakete können parallel bearbeitet werden?
- Welcher Kapazitäts- und Zeitbedarf ist notwendig?

Die Ablaufplanung liefert somit **Informationen** über:

- zeitliche Engpässe/Spielräume
- Termine
- Projektfortschritt

Die zentralen **Grundelemente der Projektablaufplanung** sind Vorgänge, Ereignisse und Anordnungsbeziehungen.

Im Rahmen der Ablaufplanung zerlegt man zur weiteren Verfeinerung der Planung die identifizierten und definierten Arbeitspakete in **Vorgänge** bzw. **Aktivitäten**, die aber nicht im PSP dargestellt werden. Vom PSP ausgehend bringen Sie im Ablaufplan alle Arbeitspakete in eine logische und zeitlich sinnvolle Reihenfolge. Ziel ist es, zu ermitteln, was wann zu erledigen ist.

Ein Vorgang (VG) ist definiert als Ablaufelement, das ein bestimmtes Geschehen (Tätigkeit) beschreibt. Hierzu gehört auch, dass Anfang und Ende definiert sind. Vorgänge sind Tätigkeitsbeschreibungen und damit die kleinsten Projekteinheiten, sie werden im Planungsprozess mit Zeiten für die Realisierung, mit einem Einsatzmittelbedarf und mit Kosten belegt.

Vorgänge haben also eine zeitliche Ausdehnung. Vorgänge bilden die Basis und den Übergang vom Projektstrukturplan zur Ablauf- und Terminplanung (Netz- und Balkenpläne) und zur Kapazitäts- und Kostenplanung.

Meilensteine stellen Ereignisse besonderer Art dar. Im Gegensatz zum Vorgang ist ein Ereignis eine Momentsache und hat keine zeitliche Ausdehnung.

Für die Projektabwicklung ist nur der Zeitpunkt des Eintretens von Bedeutung.

Eine Anordnungsbeziehung ist definiert als eine quantifizierbare Abhängigkeit zwischen Vorgängen und Ereignissen.

Der Begriff trägt der Tatsache Rechnung, dass zwischen Vorgängen und Ereignissen eine logische (technisch-sachliche) oder zeitliche Abhängigkeit besteht, die bei der Ablaufplanung zu berücksichtigen ist.

Der Projektablaufplan sagt aus, welcher Vorgang, welches Ereignis Vorgänger oder Nachfolger eines anderen Vorgangs/Ereignisses ist.

Bei der konkreten **Durchführung der vorgangsorientierten Ablaufplanung** müssen zwei grundsätzliche Schritte beachtet werden:

- Feststellung und Erfassung aller Vorgänge und Vorgangszeiten
- Feststellung und Festlegung aller Anordnungsbeziehungen

3.3.1 Feststellung und Erfassung aller Vorgänge und Vorgangszeiten

Die Zusammenstellung der Vorgänge erfolgt auf Basis der Arbeitspakete und ist vom Arbeitspaketverantwortlichen durchzuführen. Neben der reinen Auflistung der Vorgänge sind auch noch zu erfassen:

- Durchführungsdauer
- Zur Durchführung erforderliche Vorbedingungen (Vorgänger-, Vorgänge und –Ereignisse)
- Evtl. feststehende Termine
- Erforderliche Einsatzmittel

3.3.2 Feststellung und Festlegung der Anordnungsbeziehungen

Um die erforderliche logisch-zeitliche Abfolge der Projektaktivitäten zu ermittelt, sind u. a. folgende **Fragen** zu beantworten:

- Welche AP sind Voraussetzung für andere?
- Welche AP folgen unmittelbar anderen?

- Wie groß ist der Dauer eines Vorgangs?

Eine logische Verknüpfung der AP ist mit Hilfe der AP-Beschreibungen eindeutig zu ermitteln. In der Regel geht man bei der erforderlichen Betrachtung der **Anordnungsbeziehung** immer davon aus, dass ein Vorgang immer erst dann begonnen werden kann, wenn sein Vorgänger abgeschlossen ist.

In der täglichen Praxis kommen aber, je nach technisch-sachlichem Zusammenhang, auch andere **Anordnungsbeziehungen** zwischen zwei Vorgängen vor:

- **Normalfolge (DIN-Abkürzung: NF, EDV häufig EA)**: Der Anfang eines Vorgangs ist abhängig vom Ende seines(r) Vorgänger.
- **Anfangsfolge (DIN-Abkürzung: AF, EDV häufig AA)**: Der Anfang eines Vorgangs ist abhängig vom Anfang seines Vorgängers.
- **Endfolge (DIN-Abkürzung: EF, EDV häufig EE)**: Das Ende eines Vorgangs ist abhängig vom Ende seines Vorgängers.
- **Sprungfolge (DIN-Abkürzung: SF, EDV häufig AE)**: Das Ende eines Vorgangs ist abhängig vom Anfang seines Vorgängers.

Einen Überblick gibt die nachstehende Abbildung (vgl. Abbildung 21).

In der Balkenplandarstellung (vgl. unten) werden die Anordnungsbeziehungen durch Pfeile zwischen den angesprochenen Anfängen, bzw. Enden der Vorgangsbalken verdeutlicht. In EDV-Systemen erfolgt dies automatisch.

Die durch eine Anordnungsbeziehung angesprochenen Anfänge, bzw. Enden der Vorgänge müssen zeitlich nicht unmittelbar aneinandergereiht werden. Zwischen ihnen können entweder Wartezeiten zu berücksichtigen sein oder sie können zeitlich auch parallel ablaufen.

Abbildung 21: Arten von Anordnungsbeziehungen

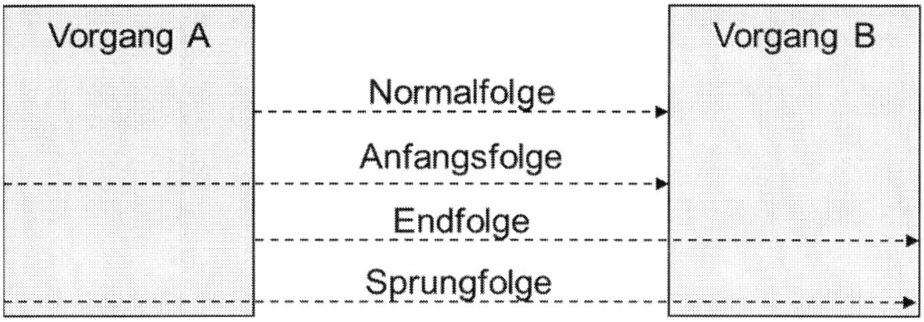

Für die Entwicklung der detaillierten Ablaufstruktur müssen die einzelnen Anordnungsbeziehungen zwischen den Vorgängen festgestellt werden. Dieser Planungsschritt kann bei kleineren Projekten, die für die reine Bearbeitung mit Balkenplänen (vgl. unten) geeignet sind (< 20 -30 Vorgänge), in einer Stufe erfolgen. Zunächst werden die Vorgänge in ihre sachlich-logische Reihenfolge gebracht und anschließend werden gleich die Anordnungsbeziehungen (Typ und Zeitabstände) zwischen den einzelnen Vorgängen festgestellt.

Man geht beim Balkenplan vom Start zum Ziel (Nachfolgermethode) vor. Bei der Anordnung der Vorgänge, sind die aus dem sachlichen Inhalt sich ergebenden Abhängigkeiten und zeitlich/terminliche Randbedingungen (z.B. Kunden- und Lieferantenvereinbarungen und ggf. witterungsbedingte Einflüsse usw.) zu berücksichtigen. Um eine möglichst kurze Projektlaufzeit zu erhalten, sollten natürlich, wo immer es aus ablauftechnischer Sicht möglich ist, Parallelanordnungen der Vorgänge angestrebt werden. Als Hilfsmittel können für diesen Schritt, wenn Papier, Bleistift und Radierer nicht mehr ausreichen, auch Vorgangskärtchen (Streifen) auf Pinnwänden eingesetzt werden. **Metaplan** ist gut geeignet, wenn eine breite Beteiligung der Arbeitspaketverantwortlichen mit ihrem Fachwissen angestrebt wird.

Um die eindeutigen Vorteile des Einsatzes von **EDV-Projektmanagementsystemen** für die weiteren Planungsschritte und für die spätere Projektsteuerung nutzen zu können, sollten die Pläne in ein entsprechendes EDV-System übertragen werden.

3.3.1 Darstellungsformen des Ablaufplans

Grundsätzlich kann der Ablaufplan kann als Netzplan, als Balkendiagramm (auch Gant-Chart genannt) oder auch als Vorgangsliste dargestellt werden.

3.3.1.1 Vorgangsliste

Die **Vorgangsliste** ist bei einfachen Projekten eine Darstellungsform für die logisch-zeitliche Reihenfolge der Vorgänge (oder Arbeitspakete). Die nachstehende Abbildung illustriert dies beispielhaft (vgl. Abbildung 22).

Obgleich eine derartige Liste eher bei einfachen Projekten sinnvoll ist, kann es auch bei komplexen Projekten hilfreich sein, eine derartige Liste zu erstellen, um ein einfaches und übersichtliches Tool zur Projektsteuerung und -überwachung zu haben.

Abbildung 22: Beispiel einer Vorgangsliste

Vorgang / AP	Vorgang	Vorgänger	Nachfolger	Dauer in Tagen
25	Konzeption einer Kundenbefragung	24	26	2
26	Abtimmung des Befragungsdesigns	25	27, 40	3
...	...			
40	Auswahl von geeigneten Kunden	26	41	1

3.3.1.2 Balkendiagramm (Gantt-Chart)

Ein Gantt-Diagramm oder Balkenplan ist ein nach seinem Erfinder Henry L. Gantt (1861–1919) benannte Darstellungsform eines Ablaufplanes, welches die zeitliche Abfolge von Aktivitäten grafisch in Form von Balken auf einer Zeitachse darstellt.

Ein Balkendiagramm bietet sich bei kleineren Projekten, welche aus weniger als 20-30 Vorgängen bestehen. Das Balkendiagramm ist eine relativ einfache und übersichtliche Art Ablauf und zeitliche Struktur eines Projektes darzustellen (vgl. Abbildung 23).

Abbildung 23: Beispiel eines Gantt-Charts

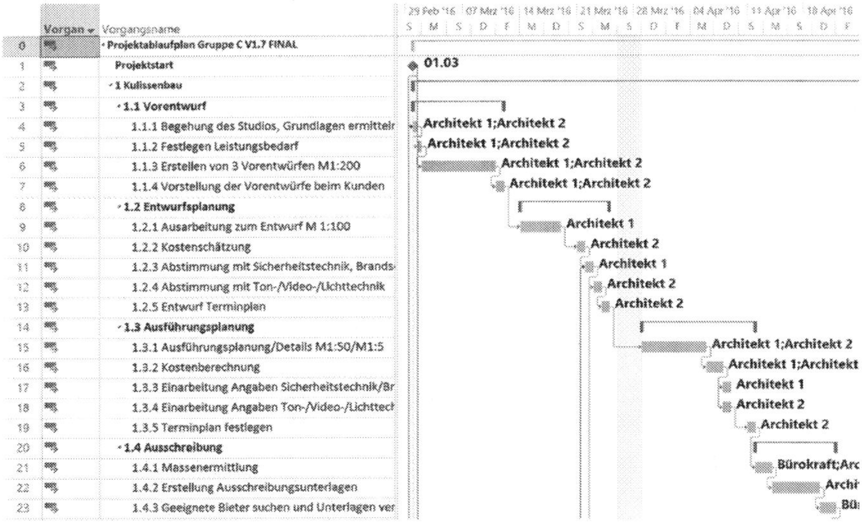

Im Gantt-Chart werden die Teilprojekte, Arbeitspakete und Aktivitäten sowie Meilensteine eines Projektes in einer Spalte einer Tabelle eingetragen. Die einzelnen Aktivitäten werden dann in den jeweiligen Zeilen mit einem waagerechten Balken visualisiert. Je länger der Balken, desto länger dauert die entsprechende Aktivität. Sich überschneidende Aktivitäten werden durch überlappende Balken dargestellt. Häufig wird mit Pfeilen versucht, Abhängigkeiten zwischen den Aktivitäten zu verdeutlichen.

Im Vergleich zum Netzplan (vgl. unten) bietet ein Gantt-Diagramm den **Vorteil**, dass die Dauer der Aktivitäten durch die Balkenlänge sichtbar wiedergegeben und Ende-Start-Beziehungen auch im Verlauf einer Aktivität angesetzt werden können. Der Einarbeitungs- und Erstellungsaufwand ist zudem gegenüber von Netzplänen relativ gering, da Gantt-Charts intuitiv interpretiert werden können.

Nachteilig am Gantt-Diagramm ist, dass mit ihm im Unterschied zum Netzplan die Abhängigkeiten zwischen Aktivitäten nur zeitbezogen dargestellt werden können. Dazu werden in der Regel Pufferzeiten nicht gekennzeichnet.

3.3.1.3 Netzplan

Die Darstellung eines Projektablaufs als **Netzplan** bietet sich insbesondere bei Großprojekten an, deren Abhängigkeiten sich nur schwer in einem Balkendiagramm darstellen lassen. In der Praxis hat sich die Darstellung der Netzpläne als **Vorgangsknotennetz (VKN)** durchgesetzt. In einem VKN werden Vorgänge als Kästchen dargestellt, Pfeile geben die Beziehung zwischen den einzelnen Vorgängen an (vgl. Abbildung 24).

Abbildung 24: Beispielhafter Netzplan

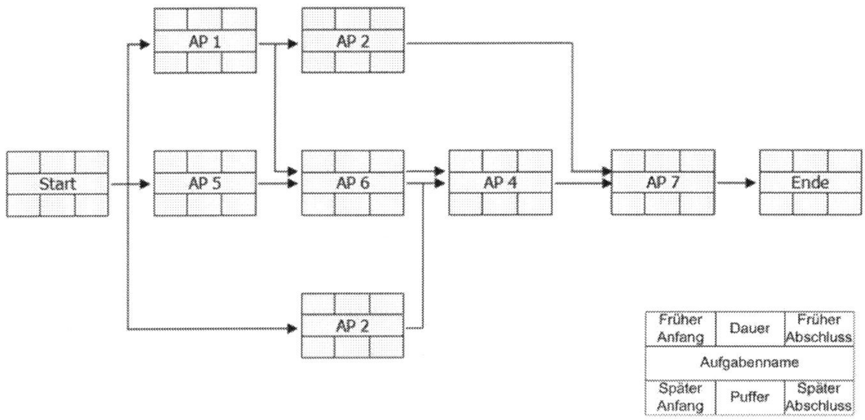

Abbildung 25: Vorgangsknoten

Früher Anfang	Dauer	Früher Abschluss
Aufgabenname		
Später Anfang	Puffer	Später Abschluss

Ein **Vorgangsknoten** kann die in nachstehender Abbildung angezeigte Form aufweisen (vgl. Abbildung 25).

Dabei sind folgende Bezeichnungen gebräuchlich:

- Early Start (ES) oder FAZij
- Early Finish (EF) oder FEZij
- Late Start (LS) oder SAZij
- Late Finish (LF) oder SEZij

Wie bereits erwähnt, kommt zur Erstellung der Netzpläne Projektmanagement-Software zum Einsatz. Um deren Berechnungsgang und somit auch die Ergebnisse richtig verstehen zu können, werden im Folgenden die wichtigsten **Berechnungsgrundlagen** dargelegt. Neben der logischen Verknüpfung der Vorgangsknoten sind Vorgangsnummer, Vorgangsbezeichnung und Dauer (D) des Vorgangs bekannt. Die restlichen Angaben sind zu berechnen.

Die **Berechnung** der fehlenden Angaben erfolgt in **drei Schritten**:

1. **Vorwärtsrechnung** zur Bestimmung von „Frühestem Anfangszeitpunkt" (FAZ) und „Frühestem Endzeitpunkt" (FEZ)

2. **Rückwärtsrechnung** zur Bestimmung von „Spätestem Anfangszeitpunkt" (SAZ) und „Spätestem Endzeitpunkt" (SEZ)

3. Ermittlung der **Pufferzeiten** „Gesamtpuffer" (GP) und „Freier Puffer" (FP)

Gesamtpuffer umfasst die Zeit, um die ein Vorgang verschoben werden kann, ohne den Endzeitpunkt des Gesamtprojektes zu verschieben.

Freier Puffer umfasst die Zeit, um die ein Vorgang verschoben werden kann, ohne dass sich hierdurch ein anderer Vorgang verschiebt.

Die Vorwärtsrechnung beginnt mit dem ersten Vorgang (dessen FAZ=0 ist!) und wird mithilfe folgender Beziehung durchgeführt:

FEZ = FAZ + D

Somit ist der FEZ des ersten Vorgangs bestimmt. Dieser FEZ ist nun der FAZ aller unmittelbaren Folgevorgänge! Auf diese Weise lassen sich die FAZ und FEZ für sämtliche Vorgänge bestimmen:

FEZ = FEZdirekter Vorgänger + D

Sonderfälle:

- Ein Vorgang besitzt mehrere direkte Vorgänger. In diesem Fall ist der Vorgänger mit dem spätesten FEZ für die Berechnung maßgeblich.
- Zwischen direktem Vorgänger und Nachfolger ist ein Zeitabstand (Z) zu berücksichtigen. (Bsp.: Die Farbe muss erst trocknen).

  Dieser Zeitabstand muss zusätzlich berücksichtig werden, also:

  FEZ = FEZdirekter Vorgänger + D + Z

Ausgangspunkt der Rückwärtsrechnung ist der Projektendtermin. Dieser ist der spätestens mögliche Endzeitpunkt (SEZ) des letzten Vorgangs. Aus diesem ermittelt sich der SAZ gemäß:

SAZ = SEZ - D

Analog zur Vorwärtsrechnung ist nun der berechnete SAZ der SEZ für alle direkten Vorgänger. Auch die Anmerkungen zu Sonderfällen gelten entsprechend.

Es gilt also:

SAZ = SAZdirekter Nachfolger - D - Z

Die Ermittlung der Pufferzeiten ist nun denkbar einfach:

Der Gesamtpuffer ergibt sich aus der Differenz zwischen spätestem und frühestem Endzeitpunkt eines Vorgangs, also:

GP = SEZ - FEZ

Der freie Puffer errechnet sich aus der Differenz zwischen dem frühesten Beginn des Nachfolgers und dem frühesten Ende des Vorgängers sowie der Dauer des Vorgangs selbst, also:

FP = FAZdirekter Nachfolger - FEZdirekter Vorgänger - D

Vorgänge mit einer Gesamtpufferzeit gleich Null gelten als **kritische Vorgänge**, da eine Nichteinhaltung der Endtermine den Projektendtermin gefährdet.

Im Netzplan werden nun kritische Pfade gesondert farbig gekennzeichnet, indem kritische Vorgänge vom Start- bis zum Endpunkt aneinandergereiht werden (vgl. Abbildung 26).

Abbildung 26: Netzplan mit Darstellung des kritischen Pfads

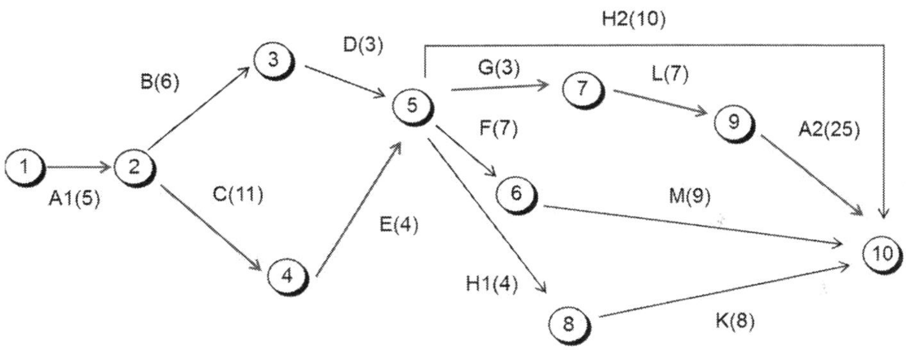

Derjenige Weg durch den Netzplan vom Start- zum Zielknoten, bei dem alle Ereignisse gleiche früheste und späteste Ereigniszeitpunkte haben, wenn also die Summe aller Pufferzeiten Null ist, wird als kritischer Weg oder kritischer Pfad bezeichnet.

Eine Verzögerung bei einem der Ereignisse des kritischen Pfades hat also immer eine Verzögerung des Endtermins zur Folge. Der Kritische Pfad ist somit der Pfad mit der längsten Gesamtdauer und setzt sich aus einer Kette von Tasks zusammen die keinen Zeitpuffer aufweisen (**Slack = 0**).

Beispiel

Eine Projektstrukturanalyse hat nebenstehende Vorgangsliste und Abhängigkeiten ergeben. Die Vorgangsdauer ist in Arbeitstagen von Montag bis Freitag angegeben.

Abbildung 27: Beispielhafte Vorgangsliste als Berechnungsgrundlage

Vorgang	Dauer	Vorgänger
A1	5	-
A2	25	L
B	6	A1
C	11	A1
D	3	B
E	4	C
F	7	D, E
G	3	D, E
H1	4	D, E
H2	10	D
K	8	H1
L	7	G
M	9	F

Die Aufgabe besteht nun in der Berechnung der frühesten und spätesten Anfangs- und Endzeitpunkte der Vorgänge sowie den frühesten Endzeitpunkt des Gesamtprojektes. Die Ergebnisse fasst die nachstehende Abbildung zusammen (vgl. Abbildung 28).

Abbildung 28: Lösungen Berechnungen Netzplan

Vorgang	Dauer	FAZ	FEZ	SAZ	SEZ	GP
A1(1,2)	5	0	5	0	5	0
B (2,3)	6	5	11	11	17	6
C (2,4)	11	5	16	5	16	0
D (3,5)	3	11	14	17	20	6
E (4,5)	4	16	20	16	20	0
F (5,6)	7	20	27	39	46	19
G (5,7)	3	20	23	20	23	0
H1 (5,8)	4	20	24	43	47	23
H2 (5,10)	10	14	24	45	55	31
K (8,10)	8	24	32	47	55	23
L (7,9)	7	23	30	23	30	0
M(6,10)	9	27	36	46	55	19
A2 (9,10)	25	30	55	30	55	0

Gesamthaft betrachtet lassen sich aus Netz- und Balkenplänen für die Projektabwicklung wichtige Informationen gewinnen über:

- ablauftechnische Probleme und deren Konsequenzen
- zeitliche Engpässe oder Spielräume und deren Konsequenzen
- Termine der wichtigsten Ereignisse (z. B. Meilensteine) und deren zeitliche Entwicklung
- Projektfortschritt im Vergleich zur Planungsvorgabe
- Zeitpunkt und Menge der erforderlichen Einsatzmittel (Kapazitäten), um den Terminplan einzuhalten
- Zeitpunkt und Höhe der während der Projektdurchführung anfallenden Kosten

Die letzten beiden Punkte können dabei erst nach Durchführung der auf die Ablaufplanung aufbauende Einsatzmittel- und Kostenplanung beantwortet werden.

3.4 Kapazitätsplanung

Nachdem der Projektablauf zeitlich geplant ist, besteht nun das Ziel der **Kapazitätsplanung** darin, die notwendigen Ressourcen

- in der richtigen Qualität,
- in der richtigen Menge,
- zur richtigen Zeit und
- am richtigen Ort

zur Verfügung zu stellen.

Dabei verbraucht die Durchführung von Vorgängen, Arbeitspaketen und Projekten außer Zeit verschiedene Arten von Einsatzmitteln im Sinne von Personal- und Sachmitteln.

Es wird **unterschieden** zwischen:

- Personalmitteln (Qualifikations-Anforderungen)
- Sachmitteln des Gebrauchs (Betriebsmittel/Investitionsgüter)
- Sachmitteln des Verbrauchs (Material/Werkstoffe)

Die **Einsatzmittelplanung**, der hinsichtlich der Kooperation zwischen Projektleitung und Linienmanagement eine große Bedeutung zukommt, liefert Daten über die Auslastung von Einsatzmitteln und ist die Basis jeder Kostenplanung. Sie baut auf den Netz- und Balkenplänen auf.

Ein Ablaufplan ohne Einsatzmittelplanung verliert an Aussagekraft, da knappe Einsatzmittel die Abfolge der Vorgänge entscheidend beeinflussen können.

Die **Kapazitäts- und Ressourcenplanung** ermöglicht somit die Ableitung der notwendigen technologischen, sachlichen und personellen Kapazitäten und hilft, die folgenden Fragen zu beantworten:

- Welche Qualifikation muss die Person oder Gruppen haben, um die Aufgabe zu bearbeiten?
- Wie lange benötige ich bestimmte Personen?

- Welche Sachmittel (Maschinen, Materialien, Hilfsmittel) sind für die Durchführung erforderlich?
- Gibt es einzelne Sachmittel, die nicht verfügbar, beschaffbar oder ausdrücklich ausgeschlossen sind?

Die einzelnen **Schritte der Kapazitätsplanung** sind:

1. Bedarfsermittlung
2. Bestandsanalyse
3. Kapazitätsabgleich und -ausgleich

Im Rahmen der **Bedarfsermittlung** ist zunächst ist der Einsatzmittelbedarf unter Berücksichtigung der angestrebten Realisierungszeit und sonstiger Rahmenbedingungen festzulegen. Die einzelnen Einsatzmittelbedarfe sind für jede Einsatzmittelart zu einem Gesamtbedarf über der Projektzeit darzustellen. Jeder Arbeitspaketverantwortliche ermittelt auf der Basis der in den Arbeitspaketen enthaltenen Vorgängen und der in der Terminplanung genannten Zeiten für jede Einsatzmittelart den Einsatzmittelbedarf seiner Arbeitspakete und gibt den zeitlichen Verlauf an. Beim benötigten Personal ist insbesondere auf die erforderliche Qualifikation (jede ist als eigene Einsatzmittelart zu behandeln) zu achten. Dies ist bei späteren Kapazitätsverschiebungen bedeutsam. Der Projektleiter muss sicherstellen, dass alle Einsatzmittel von allen Arbeitspaketverantwortlichen gleich beschrieben werden, denn nur so können die real verschiebbaren Einsatzmittel für den Kapazitätsabgleich sichtbar gemacht werden. Zur Erledigung einer definierten Arbeitsmenge benötigt eine bestimmte Menge von Einsatzmitteln (EM-Bedarf) mit einem bekannten Leistungsvermögen pro Zeit (EM-Leistungsvermögen) eine bestimmte Zeit (Einsatzdauer):

- Arbeitsmenge = EM-Bedarf (Stück) x EM-Leistungsvermögen (pro Zeit) x Einsatzdauer

Anschließend ist im Rahmen der **Bestandsanalyse** der verfügbare Einsatzmittelbestand zu ermitteln. Dabei kann der Bestand sowohl qualifikations-

(Eignung des zur Verfügung stehenden Personals), als auch zeitorientiert (zeitliche Verfügbarkeit) betrachtet werden.

Schließlich ist im Schritt des **Kapazitätsabgleiches** der ermittelte Gesamtbedarf ist mit dem verfügbaren Einsatzmittelbestand der Einsatzmittelarten abzugleichen. **Zielsetzung** des Kapazitätsabgleichs ist es, Engpasssituationen bei bestimmten Einsatzmitteln aufzulösen und Optimierungsstrategien, wie eine möglichst gleichmäßige Auslastung der Kapazitäten oder eine Kostenminimierung umzusetzen. Bei diesem **Kapazitätsausgleich** von auftretenden Engpässen müssen Prioritäten gesetzt und evtl. Optimierungsprobleme gelöst werden.

Vor dem Hintergrund der zahlreichen Einflussgrößen können für die Lösung von Kapazitätsabgleichsproblemen immer mehrere Maßnahmen vorgeschlagen werden. In der Regel setzt man in der Projektmanagementpraxis aber gewisse Prioritäten, die eine Fixierung bestimmter Größen bedeuten. Werden solche Prioritäten festgelegt, so ist die Entscheidung über die Einsatzmittelplanung meist eindeutig. Werden in Bezug auf bestimmte Einsatzmittelarten keine Schranken (Obergrenzen) und keine Prioritäten (z.B. teure Maschinen sind 100 %-ig auszulasten) gesetzt, so kann auch die Vorgabe einer Kostenminimierung zu einer eindeutigen Lösung des Einsatzmitteleinsatzes führen, hierzu müssen alle möglichen Varianten kostenmäßig bewertet werden.

3.5 Kostenplanung

Im Kostenplan werden sämtliche Projektkosten aufgeteilt und nach Kostenarten zusammengefasst.

Typische Kostenarten sind z. B. Personalkosten, Materialkosten, Fremdleistungen, Reisekosten und Kapitalkosten. Die weitere Unterteilung ist von der Projektart abhängig. Projektkostenkalkulationen werden auf der Basis des Projektstrukturplans und im Allgemeinen nach der erfolgten Ablauf-, Termin- und Kapazitätsplanung durchgeführt. In diesem Zusammenhang gilt: Je genauer Sie diese Planungen gemacht haben, desto leichter wird die Kostenplanung.

Projektkostenkalkulationen erfolgen mit Hilfe von Projektkostenträgern. Diese sind definiert als Projektergebnis oder Teilergebnis, dem Projektkosten nach dem Verursacherprinzip zugerechnet werden. In der Regel bedeutet das, dass ein Arbeitspaket ein Kostenträger ist.

In der Kostenrechnung werden folgende **Kostenarten** unterschieden:

- **Direkte Kosten**: Sie können dem Projekt direkt zugeordnet werden (z.B. Materialkosten) und lassen sich leicht nach dem Verursacherprinzip den Arbeitspaketen zuordnen.

- **Gemeinkosten**: Sie fallen zusätzlich zu den direkten Kosten an, können aber dem Projekt nicht direkt zugeordnet werden (z.B. Gebäudekosten, Verwaltungskosten). Die anteilige Verrechnung auf die Arbeitspakete fällt schwer, sodass diese Kostenanteile entweder über Zuschläge zu den direkten Kosten kalkuliert oder in einer Summenbetrachtung auf einer höheren Struktur-ebene (Teilaufgabe oder Projekt) verrechnet werden.

Um die Genauigkeit und Sicherheit von frühzeitigen Kostenkalkulationen zu verbessern, haben sich zwei **Standardverfahren** durchgesetzt:

- **IST-Kosten-Kalkulation**

  Im Rahmen detaillierter Nachkalkulationen bereits durchgeführter Projekte werden IST-Kosteninformationen auf Vorgangsebene gewonnen, die über eine zeitliche Fortschreibung (Preissteigerung) und mengenmäßige Anpassung auf das vorliegende Projekt übertragen werden. Die Gesamtprojektkosten entstehen durch Addition der Einzelelemente gemäß dem Projektstrukturplan-Aufbau.

- **Schätz-Kosten-Kalkulation**

  Experten aus den Fachabteilungen schätzen mit ihrer Erfahrung die Vorgangs-, bzw. Arbeitspaketkosten. Durch die Vielzahl der Schätzungen gleichen sich Schätzfehler weitestgehend aus, ggf. sind Mehrfachschätzungen von unterschiedlichen Personen durchzuführen. Schätz-kosten werden meist in zwei Stufen (mittelbar) geschätzt, zunächst werden Einheiten wie z. B. Arbeitsstunden und Mengen festgelegt, die dann mit spezifischen Kostensätzen multipliziert die tatsächlichen Kosten ergeben.

Abbildung 29: Formblatt für einen Kostenplan

Opresnik
MANAGEMENT CONSULTING

PROJEKT-KOSTENPLAN

Phasen-Nr. / Teilprojekt-Nr.	Phase	Kostenart	Plankosten	Adaptierte Plankosten per	Istkosten	Kosten-abweichung
1.	Projektmanagement	Personal	2.000,00	2.200,00	3.600,00	1.400,00
		Material	3,00	2.200,00	1.000,00	-1.200,00
		Fremdleistungen	4,00	8,00	10,00	2,00
		Sonstige				0,00
		Gesamt	**2.007,00**	**4.408,00**	**4.610,00**	202,00
2.		Personal	2.000,00	2.200,00	3.600,00	1.400,00
		Material	3,00	2.200,00	1.000,00	-1.200,00
		Fremdleistungen	4,00			0,00
		Sonstige				0,00
		Gesamt	**2.007,00**	**4.400,00**	**4.600,00**	200,00
3.		Personal	2.000,00	2.200,00	3.600,00	1.400,00
		Material	3,00	2.200,00	1.000,00	-1.200,00
		Fremdleistungen	4,00			0,00
		Sonstige				0,00
		Gesamt	**2.007,00**	**4.400,00**	**4.600,00**	200,00
4.		Personal	2.000,00	2.200,00	3.600,00	1.400,00
		Material	3,00	2.200,00	1.000,00	-1.200,00
		Fremdleistungen	4,00			0,00
		Sonstige				0,00
		Gesamt	**2.007,00**	**4.400,00**	**4.600,00**	200,00
Gesamt			**12.042,00**	**26.408,00**	**27.610,00**	1.202,00

Im Rahmen der Kostenplanung sollten Sie vor diesem Hintergrund zunächst Kostenpakete strukturieren, also pro Arbeitspaket die anfallenden Kosten für Personal, Material, Fertigung, Dienstleistungen etc. schätzen.

Die auf diese Weise gesammelten Daten fassen Sie anschließend in einem Kostenplan zusammen. Für größere und langlaufende Projekte empfiehlt es sich, diese Kosten anhand des Terminplans anzuordnen, um aufzuzeigen, zu welchen Zeiträumen wie viel Kosten anfallen.

Die obige Abbildung stellt ein mögliches Formblatt für einen Kostenplan dar (vgl. Abbildung 29).

3.6 Risikoanalyse

Bei der **Risikoanalyse** geht es zunächst darum, die möglichen Risiken, die auf das Projekt einwirken, zu erkennen und bzgl. der Eintrittswahrscheinlichkeit sowie der Auswirkung auf das Projekt zu bewerten.

Im Einzelnen beinhaltet die **Risikoanalyse** die folgenden **Schritte**:

- Beschreibung des Risikos
- Wahrscheinlichkeit des Eintritts
- Auswirkungen bei Eintritt in Bezug auf das Magische Dreieck des Projektmanagements
- Berechnung einer Risikokennzahl
- Planung von Gegenmaßnahmen
- Visualisierung in einer Risikomatrix

Abbildung 30: Formblatt einer Risikotabelle

Risikomanagement

Opresnik MANAGEMENT CONSULTING

Projekttitel	
Projektleiter	
Datum	

		Auswirkung auf								
Lfd. Nr.	Risiko	Qualität	Kosten	Zeit	Schaden	EWS angepasst	EWS	RKZ	Bewertung	Gegenmaßnahmen
1	Test	3	3	3	9	0,80	80%	7,20	sehr hohe Priorität	Gegenmaßnahmen 1
2	Risiko 2	1	2	1	4	0,10	10%	0,40	mittlere Priorität	Gegenmaßnahmen 2
3	Risiko 3	2	2	2	6	0,15	15%	0,90	hohe Priorität	Gegenmaßnahmen 3
4	Risiko 4	3	2	1	6	0,30	30%	1,80	sehr hohe Priorität	Gegenmaßnahmen 4

Skala

<0,4	geringe Priorität
0,41 - 0,8	mittlere Priorität
0,81 - 1	hohe Priorität
>1	sehr hohe Priorität

In diesem Zusammenhang hat es sich in der Praxis bewährt, diese Informationen in einer entsprechenden **Risikotabelle** zusammenzustellen, um im Rahmen der Projektdurchführung ein adäquates Risikomanagement-Tool zu haben. Die nachstehende Abbildung stellt beispielhaft ein entsprechendes Formblatt dar (vgl. Abbildung 30).

Basierend auf der Risikotabelle kann zusätzlich aus Gründen der Kommunikation eine entsprechende **Risikomatrix** dargestellt werden, welche alle identifizierten Risiken anhand der Dimensionen „Schadensausmaß“ (Risikokennzahl) und „Eintrittswahrscheinlichkeit“ abbildet. Die nachstehende Abbildung zeigt ein entsprechendes Formblatt einer Risikomatrix (vgl. Abbildung 31).

Abbildung 31: Formblatt einer Risikomatrix

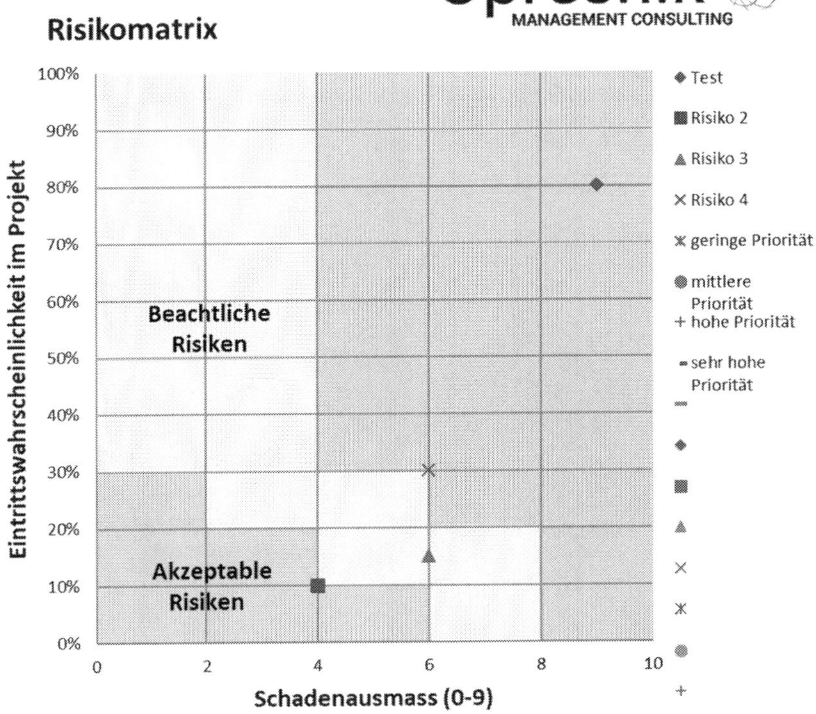

Von zentraler Bedeutung ist in diesem Kontext, dass die Risikoanalyse kein statisches Tool ist, welches nur im Rahmen der Planungsphase einmalig erstellt wird. Im Rahmen des **Risikomanagements** ist es unerlässlich, Veränderungen hinsichtlich der Eintrittswahrscheinlichkeit sowie des Schadensausmaßes und entsprechende Gegenmaßnahmen kontinuierlich zu beobachten und entsprechend adäquate Anpassungen vorzunehmen. Dadurch können sich durchaus auch weitere Arbeitspakete ergeben, welche wiederum bei der Projektplanung berücksichtigt werden müssen.

3.7 Zusammenfassung

- Die **Projektplanung** gehört zu den wichtigsten Aufgaben des Projektleiters, da er auf dieser Grundlage das Projekt steuert und überwacht.
- Ein **Projektstrukturplan** gliedert das Gesamtprojekt systematisch und überschaubar in Teilprojekte. Diese Gliederung wird heruntergebrochen bis auf einzelne **Arbeitspakete**. Ein Arbeitspaket ist dabei ein in sich abgeschlossener Vorgang der einem Bearbeiter verantwortlich zugeteilt werden kann.
- **Meilensteine** legen Entscheidungs-, Kontroll- oder Überwachungstermine mit einem definierten Ergebnis fest.
- Der **Ablaufplan** ist eine Detaillierung des Projektstrukturplans mithilfe der Arbeitspakete, welcher verdeutlicht, wie die einzelnen Tätigkeiten zusammenhängen.
- Bei der **Kapazitätsplanung** stimmen Sie Termine für Aktivitäten oder Zwischenergebnisse mit den Kapazitäten ab.
- Im **Kostenplan** werden sämtliche Projektkosten aufgeteilt und nach Kostenarten zusammengefasst.
- Bei der **Risikoanalyse** geht es zunächst darum, die möglichen Risiken, die auf das Projekt einwirken, zu erkennen und bzgl. der Eintrittswahrscheinlichkeit sowie der Auswirkung auf das Projekt zu bewerten.

4. Projektdurchführungsphase

Innerhalb der **Durchführungsphase** werden die einzelnen Arbeitspakete abgearbeitet. Ein zentraler Punkt ist dabei die Einhaltung der aufgestellten Projektorganisation sowie der zugehörigen Verantwortlichkeiten. Dies ist eine wichtige Aufgabe für den Projektleiter. Der Projektleiter muss zudem sicherstellen, dass das Projektteam noch „auf dem richtigen Weg" bzgl. der Zielerreichung ist. Hierzu gehört auch, die vom Team erarbeiteten Detailergebnisse regelmäßig auf einem abstrakteren bzw. aggregiertem Niveau im Gesamtzusammenhang zu betrachten und zu präsentieren.

Von zentraler Bedeutung in dieser Phase ist eine wirkungsvolle Projektsteuerung, welche zum Ziel hat, die Projektdurchführung in dem in der Projektplanung festgelegten Projektablauf zu realisieren und dabei die gesetzten Leistungs-, Zeit- und Kostenziele zu erreichen.

Projektsteuerung ist nicht als Kontrolle, sondern als Lenkungsprozess zu verstehen im Sinne des Regelkreises der Führungsfunktionen, die auch als Projektfunktionen bezeichnet werden können.

Wird in der Projektsteuerung die Wechselbeziehung zwischen der Leistung des Projektes, den Terminen und den Kosten beachtet, spricht man von einer integrierten Projektsteuerung (project control).

Hauptaktivitäten der Projektleitung im Rahmen der Durchführungsphase sind vor diesem Hintergrund u. a.:

- Berichterstattung
- Projektkommunikation und Führung des Teams
- Qualitätssicherung
- Change Management

Auf die wichtigsten Elemente wird in den folgenden Abschnitten kurz und prägnant eingegangen.

4.1 Berichterstattung

Für die **Termin-, Kosten- und Fortschrittskontrolle** ist u. a. folgendes festzulegen:

- Wer meldet wem?
- In welchem Zeitrhythmus muss gemeldet werden?
- Welche Daten müssen zu welchen Arbeitspaketen gemeldet werden?
- Wie werden die gemeldeten Daten aufbereitet?

4.1.1 Terminkontrolle

Nach Vorliegen der entsprechenden Rückmeldungen der jeweiligen Stakeholder zum aktuellen Stand (bzw. zu erwarteten Verschiebungen vorgegebener Termine), sind die Terminpläne gegebenenfalls anzupassen und in Zusammenhang mit dem Kostenverlauf und dem ermittelten Arbeitsfortschritt eventuell Maßnahmen einzuleiten. Zur Beurteilung der Termintreue eines Projektes wird meist nicht nur ein einfacher **Soll/Ist-Vergleich** durchgeführt (**Momentanwert**) sondern es werden **Trendanalysen** erstellt (Blick in die Zukunft). Ein Beispiel für eine solche Trendanalyse ist die **Meilenstein-Trend-Analyse (MTA)**. Voraussetzung für die Anwendung der MTA ist ein realistischer Terminplan und hieraus abgeleitete klar definierte Meilensteine. Diese Daten sind dem Phasenmodell- und Meilensteinplan zu entnehmen. Eine exemplarische Aufstellung aller relevanten Daten für eine MTA kann der nachstehenden Abbildung entnommen werden (vgl. Abbildung 32).

Die MTA wird während der gesamten Projektdauer in einer einzigen Graphik fortgeschrieben. Diese besteht im Wesentlichen aus einem Dreieck, auf dessen Horizontalen die Berichtszeitpunkte und auf dessen Vertikalen die jeweiligen aktuellen (also zu diesen Zeitpunkten erwarteten) Meilenstein-Termine eingetragen werden. Zu jedem Berichtstermin werden die Verantwortlichen um eine Aussage gebeten werden, wann ihr Meilenstein vollständig erreicht sein wird. Dieser Termin wird entsprechend eingetragen, jede Änderung des Plantermins also automatisch dokumentiert. So entsteht nach und nach eine Kurve für jeden Meilenstein.

Abbildung 32: Eingabetabelle für eine MTA

Opresnik MANAGEMENT CONSULTING

Projekt:	XYZ-Beispielprojekt			Neue Abschätzung der Termine zu den jeweiligen Berichtsterminen			
Heute:				Planung zum Projektbeginn	Bericht 1	Bericht 2	Bericht 3
11.01.2023	100% ?	Meilenstein	Bezeichnung	01.11.2022	01.12.2022	01.01.2023	01.02.2023
	ü	MS1	Freigabe Lastenheft	01.11.2022			
21				01.02.2023	28.12.2022	22.12.2022	
17				28.01.2023	28.01.2023	28.01.2023	17.01.2023
229				28.08.2023	28.08.2023	28.08.2023	28.08.2023
				30.09.2023	30.09.2023	30.09.2023	30.09.2023
				28.10.2023	28.10.2023	28.10.2023	28.10.2023
				28.11.2023	28.11.2023	28.11.2023	28.11.2023
		MS8	Titel 8				
		MS9	Titel 9				
		MS10	Titel 10				
		MS11	Titel 11				
		MS12	Titel 12				

Prof. Dr. Marc Opresnik: Ausgangsplanung der Meilensteine.

Prof. Dr. Marc Opresnik: An jedem Stichtag weden die noch nicht erledigten Meilensteine besprochen (zum Beispiel vor einem Quality Gate oder monatlich). Dabei wird ggfs. eine neue Terminplanung vorgenommen.

Prof. Dr. Marc Opresnik: Wenn Meilenstein erreicht, dann beim letzten Berichtszeitpunkt das Datum eintragen und in dieser Spalte abhaken ("ü")

Prof. Dr. Marc Opresnik: Diese Spalte gibt den verbleibenden Zeitraum zwischen "Heute" und dem Meilenstein an.
>10 Tage: Grün
<10 Tage: Gelb
<0 Tage: Rot/Orange

Prof. Dr. Marc Opresnik: Nach dem Erreichen eines Meilensteins werden bei den folgenden Planungen die Zellen leer gelassen.

Die nachstehende Abbildung zeigt eine beispielhafte MTA (vgl. Abbildung 33).

Abbildung 33: Beispielhafte MTA

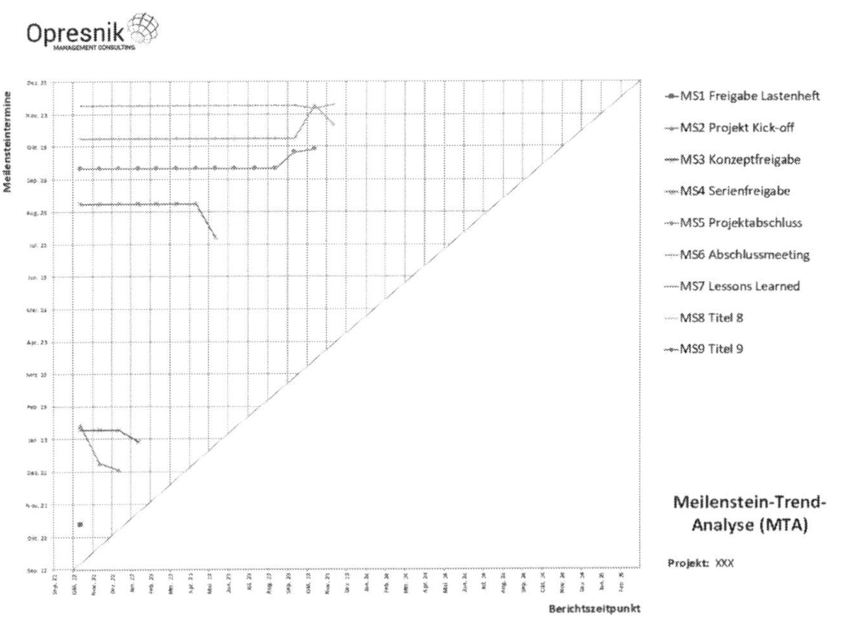

Es gilt:

- Ein Polygonzug, der insgesamt nach oben verläuft, bedeutet Terminverzug.
- Eine horizontale Linie zeigt einen plangemäßen Verlauf an.
- Ein nach unten verlaufender Polygonzug zeigt die Tendenz einer vorzeitigen Fertigstellung an.
- Die Zeittrendlinie hilft, alle Trends sofort zu erkennen.

Die **Vorteile** der Meilenstein-Trend-Analyse:

- Einfache Erstellung
- Deutlich erkennbare Trends (zukunftsbezogen)
- Einfache Darstellung
- Notwendigkeit von Korrekturen früh erkennbar

4.1.2 Kostenkontrolle

Kernelement der Kostenverfolgung ist der Soll/Ist-Vergleich. Dieser ist nur dann realitätsnah, wenn die Erfassung und Zuordnung aller relevanten Kosten zeitnah erfolgt. Verglichen werden die angefallenen Kosten mit dem „Soll-Wert". Dieser ergibt sich aus den laut Planung erwarteten Personal- und Sach- und Gemeinkosten. Eine Abweichung Soll – Ist bedeutet also in erster Linie lediglich eine Abweichung vom Plan, ist daher nicht zwangsläufig negativ zu beurteilen. Eine korrekte Beurteilung kann nur in Zusammenhang mit der Terminsituation und dem Arbeitsfortschritt des Projektes getroffen werden. Hilfreich für eine realistische Einschätzung der Kostensituation ist die Verknüpfung von Terminen und Kosten in einem Diagramm.

4.1.3 Fortschrittskontrolle

Zur Messung der Projektfortschritte müssen Sie generell die Soll-Werte der Pläne mit den jeweils aktuell ermittelten Ist-Werten vergleichen. Voraussetzung für aussagekräftige Soll-Ist-Vergleiche ist allerdings, dass Sie stets messbare Kriterien für die Zielerreichung festgelegt haben. Sie können den Projektfortschritt messen, indem Sie z. B. pro Arbeitspaket das bisher erreichte Arbeitsergebnis mit der bislang verbrauchten Zeit in Beziehung setzen.

Der Arbeitsfortschritt ist lediglich für diejenigen Arbeitspakete exakt bestimmbar, die entweder abgeschlossen sind oder noch gar nicht begonnen haben. Also einen Fertigstellungsgrad von 100 % bzw. 0 % aufweisen. Der Fortschritt aller anderen Arbeitspakete ist durch geeignete Hilfsgrößen (z. B. verbaute Materialien) oder in den meisten Fällen durch Schätzung des Verantwortlichen zu bestimmen. Eine Abfrage jedes AP-Verantwortlichen: „Fertigstellungsgrad in %" ist dabei in der Regel wenig hilfreich, da schwer bis unmöglich zu beantworten. Einfacher und im Endeffekt genauer sind vereinfachte Abfragen z. B, ob der Arbeitsfortschritt zu 0 %, 50 % oder zu 100 % stattgefunden hat. Je detaillierter die Arbeitspakete definiert wurden, desto hilfreicher sind dann selbstverständlich auch die Aussagen zum Arbeitsfortschritt.

In der Praxis hat sich eine **Vorgangsliste** bewährt, anhand derer sich der Arbeitsfortschritt einzelner Vorgänge sehr übersichtlich darstellen lässt (vgl. Abbildung 34).

Abbildung 34: Musterbeispiel einer Vorgangsliste

Projekt-Controlling auf Vorgangsebene

Teilprojekt 1

Datum: 11.01.2023

1. AP	To-Do/s	Beschreibung	Wer?	Wann?	Soll-Aufwand in PT	Ist-Aufwand in PT	Abweichung in PT	Datum Plan	Status in Bezug auf Bearbeitung	Traffic Light
1.1					12,00	13,00	1,00	01.02.2023	In Bearbeitung	
1.2					12,00	11,00	-1,00	01.01.2023	OK	
1.3					11,00	8,00	-3,00	01.04.2023	Termin beachten!	
1.4					10,00	9,00	-1,00	01.06.2023	In Bearbeitung	
1.5							0,00			
1.6							0,00			
1.7							0,00			
1.8							0,00			
1.9							0,00			
1.10							0,00			
	Gesamt AP				45,00	41,00	-4,00			

In diesem Zusammenhang sollten Sie auf **folgende Punkte achten**:

- Bestimmen Sie kompetente Mitarbeiter, die für die Überprüfung der Daten und Fakten zuständig sind.

- Legen Sie fest, auf welche Art und Weise etwas gemessen wird.
- Führen Sie Soll-Ist-Vergleiche stets regelmäßig durch.
- Berücksichtigen Sie die damit zusammenhängenden Tätigkeiten in allen Plänen – so müssen Kontrollen auch im Strukturplan, bei den Aufwänden und im Terminplan berücksichtigt werden.

4.1.4 Ergebnisdarstellung in Form von Statusberichten

In der Durchführungsphase wollen der Projektsponsor, der Lenkungsausschuss, aber auch das Projektteam und weitere interne wie externe Stakeholder regelmäßig auf dem Stand gehalten werden. Wie es um das Projekt steht, darüber können Sie selbstverständlich auf verschiedene Weise informieren. In der Praxis hat sich hier der sogenannte **Statusbericht** bewährt. In diesem Bericht kommunizieren Sie den Projektfortschritt regelmäßig in kompakter, prägnanten und standardisierter Form. Statusberichte werden – in Abhängigkeit von der Größe und Dauer des Projektes – in der Regel in Intervallen von einer Woche bis, einem Quartal erstellt. Der jeweilige Projektstatus muss zu festgelegten Zeitpunkten an den Lenkungsausschuss bzw. den Auftraggeber in Berichtsform weitergegeben werden. Wichtig dabei: Je länger der Bericht, desto weniger werden die „Botschaften", die der Projektleiter übermitteln will wahrgenommen. Es gilt also Sachverhalte kurz und prägnant darzustellen. Wichtigstes Hilfsmittel sind dabei Tabellen und vor allem Graphiken!

Folgende **Aspekte** sollten dabei in der Regel berücksichtigt werden:

- Stand der Arbeiten am Projekt laut Projektstrukturplan:
    - fertiggestellt
    - in Arbeit
    - noch zu bearbeiten
- Terminplan der Aktivitäten und Zwischenergebnisse nach PLAN/IST/VORSCHAU
- Kostenplan der Aktivitäten und Zwischenergebnisse nach PLAN/IST/VORSCHAU
- Stand des Projektbudgets:
    - Planansatz

  - bisher verbraucht / noch verfügbar
  - Abweichungen gegenüber Planansatz
- Ergebnisse der Abweichungsanalysen
- Kapazitätsbelastungsübersicht nach Projektaktivitäten und Zwischenergebnissen (Mitarbeitertage)
- Aufgelaufene Stunden und Kosten je Projekt-Mitarbeiter / Mitarbeiterkategorie
- Hinweise auf Probleme
- Hinweise auf Risiken
- Hinweise auf Sachverhalte, die einer Änderung bedürfen („Change Request")
- Unmittelbar erforderlicher Handlungsbedarf: Muss- und Kann-Maßnahmen

Wie der Stand eines Projektes übersichtlich auf einer Seite dargestellt werden kann, ist der folgenden Abbildung beispielhaft dargestellt. Es versteht sich, dass diese Übersicht einen Projektbericht nicht ersetzen kann, es dürfte aber der meistbeachtete Teil dessen sein (vgl. Abbildung 35).

Oft wird der Statusbericht mit einem Ampelsystem ausgestattet, welches auf drohende Gefahren hinweist. Wenn sie akute Probleme darstellen, dann am beste mit Lösungsvorschlägen bzw. Steuerungsmaßnahmen. Auch besondere Aktionen oder Ergebnisse, ein Ausblick auf die weitere Planung oder eine aktuelle Risikoanalyse sind hier gut aufgehoben!

4.2 Projektkommunikation und Führung des Teams

4.2.1 Grundlagen erfolgreicher und effektiver Kommunikation

Unter Projektkommunikation sind alle auf das Projekt bezogenen Formen der Kommunikation zwischen Management, Projektteam, Projektleiter und allen anderen am Projekt beteiligten Personen zu verstehen. Einbezogen ist sowohl die mündliche als auch die schriftliche Kommunikationsform.

Abbildung 35: Beispielhafter Projektstatusbericht

Opresnik
MANAGEMENT CONSULTING

PROJEKT-STATUSBERICHT	
Projekttitel:	•
Projektnummer:	•
Projektmanager:in:	•
Aktuelles Datum:	•

Berichtszeitraum:	•
Status:	☐ kritisch ☐ teilweise kritisch ☒ planmäßig
Kurzbeschreibung Status:	•

Status Inhalte / Qualität:	•
Status Kostten:	•
Status Termine:	•

Next Steps:	• • •

Notwendige Entscheidungen:	• • •

Kommunikation zählt zu den „**weichen Faktoren**" (**Soft Skills**) des Projektgeschehens, also Aspekten, die sich im Gegensatz zu den harten Faktoren nicht oder nur schwer beschreiben und -messen lassen. Geld und Zeit sind etwas „Handfestes"; das sich in Plänen, Diagrammen und Berichten niederschreiben lässt. Die weichen Faktoren wie Vertrauen, Werte, Wahrnehmungen und eben Kommunikation geraten demgegenüber oft in Vergessenheit. Wenn versucht wird, die weichen Faktoren durch Pläne und Konzepte „dingfest“ zu machen gelingt dies nur „in Maßen“.

Im Gegensatz zu anderen, chronologisch aufeinander folgenden Projektschritten handelt es sich bei der Projektkommunikation um einen kontinuierlichen, projektbegleitenden Prozess. Mit der Projektkommunikation werden drei Ziele verfolgt: **Imageaufbau** und **-pflege** sowie **Information** und **Integration** der Beteiligten.

Es gibt diverse Techniken und Regeln, die die **zielführende Projektkommunikation** und damit die **Motivation des Projektteams** unterstützen.

Im Folgenden werden sieben **Kommunikations-Techniken** bzw. -Regeln vorgestellt, welche sich in der Praxis bewährt haben:

1. **Einsatz von „Verständlich-Machern“**

Zur Verbesserung der Verständlichkeit und damit zur Unterstützung der zwischenmenschlichen Kommunikation tragen einige „Verständlich-Macher“ bei. Dazu gehört/en:

- Eine einfache, konkrete Sprache.
- Kurze, prägnante Sätze.
- Geordnete Darstellung, gegliederte Aussagen und Herausstellen des Wesentlichen
- Nutzung lebendiger Bilder in Sprache
- Anschauliche Vergleiche
- Visualisierung
- Gute Artikulation und Modulation der Sprache
- Stimmigkeit (Übereinstimmung von Stimme, Körperhaltung und innerer Verfassung)

2. **Aktives Zuhören**

Wirkliches verstehen erfordert, sich Zeit zu nehmen - Zeit zum Zuhören, Zeit zum Mitdenken und Mitfühlen und Zeit zum Verarbeiten. Im Verlauf von Projektbesprechungen kommt es vor, dass Gesprächspartner anstatt zuzuhören schon die nächsten (Gegen-)Argumente zurechtlegen, um sofort antworten zu können. Echtes Zuhören ist dann nicht mehr möglich.

Die Technik des Aktiven Zuhörens ermöglicht, den Gesprächspartner besser wahrzunehmen. Zugewandtes, unvoreingenommenes Hinhören auf die Worte und nonverbalen Signale des Sprechenden gibt dem Zuhörenden die Chance, mehr als nur die Worte zu empfangen.

Aktives Zuhören vollzieht sich in drei Phasen.

- Wahrnehmen
- Nachdenken und zuordnen
- Nachdenken und bewerten

Erst nach diesem Prozess ist der Zeitpunkt, eine Antwort/Reaktion zu formulieren.

Aktives Zuhören wird durch folgende signalisiert:

- Nachfragen
- Verstandenes zurückmelden (durch Wiedergeben in eigenen Worten)
- Zusammenfassen
- Schweigen
- Nicht-Unterbrechen
- Nicht-Dazwischenreden
- Aussprechen lassen.

3. Fragen stellen

Durch Fragen lassen sich Gespräche aktiv führen. Deshalb gilt: Wer fragt der führt! Im Allgemeinen ist es wenig hilfreich, anderen Personen eigene Überzeugungen aufzudrängen; das gilt auch in Projekten. Durch eine weniger argumentative oder mehr fragende Vorgehensweise geben Projektleiter (aber auch andere Projektbeteiligte) ihren Mitmenschen die Gelegenheit, eigene Überzeugungen zu finden. Dabei kommt es auf die Formulierung der Frage an. Die durchdachte Verwendung gut formulierter Fragen können Belange, Interessen, Wünsche, Motivationen und Bedürfnisse offenlegen. Bestimmte Fragetechniken versetzen in die Lage, eigene Gedanken und Gefühle äußern und eigene Überzeugungen entwickeln zu können.

Folgende Frageformen fördern im Allgemeinen die Kommunikation:

- **Offene Frage:** Durch offene Fragen lassen sich informative bis sehr umfassende Antworten erzielen. Offene Fragen schaffen Gesprächsbereitschaft und fördern den Austausch. Der Fragende signalisiert, dass er den Befragten und seine Auffassungen respektiert.

- **Reflektierende Frage:** Reflektierende Fragen ermöglichen dem Befragten, seine eigenen Worte, Gedanken und Wertvorstellungen zu überdenken. Hört die Befragte seine eigenen Ideen in Form einer Frage von einem Anderen, erhält er die Gelegenheit, die Ideen zu konkretisieren, andere Aspekte mit einzubeziehen und den eigenen Standpunkt zu überdenken bzw. zu verändern.

- **Richtungsweisende Frage:** Durch richtungsweisende Fragen werden Befragte veranlasst, Denkprozesse zu erweitern bzw. auszuführen. Die Erweiterung bzw. Ausführung fördert die Übereinstimmung; wichtige Informationen zu Gedanken und Wünschen werden ausgetauscht. Der Befragte erhält die Gelegenheit, sich über sich selbst ein klareres Bild zu verschaffen.

4. Ich-Botschaften senden

Im Rahmen der Projektkommunikation fördern Ich-Botschaften die Kommunikation und vermeiden Konflikte auf der Beziehungsebene. Konkretes, vorwurfsfreies Benennen der eigenen Eindrücke und Gefühle minimiert die Gefahr, dass der Andere gleich in eine

Verteidigungshaltung gedrängt wird. Eine Aussage wie „Dein Bericht war schlecht." bringt den Gesprächspartner nicht weiter. Weiter hilft hingegen folgende Aussage: „Deinem Bericht konnte ich ab dem dritten Punkt nicht mehr folgen. Mir würde helfen, wenn Du beim nächsten Mal die Punkte noch klarer voneinander abgrenzt und die Unterlagen vorher verteilst." Im zweiten Beispiel werden Wahrnehmungen angesprochen (...konnte ich ... nicht mehr folgen). Zudem gibt es konkrete Rückmeldungen, ab welchem Punkt es unklar wurde (Ab dem zweiten Punkt...) und was dem Zuhörenden in Zukunft helfen würde (Mir würde helfen, wenn...).

5. Bewertungen vermeiden

Vorwurfsfreies, nicht bewertendes oder anklagendes aber konkretes Benennen eigener Wahrnehmungen und Gefühle sorgt für eine entspanntere Gesprächsatmosphäre. Gerade im Projektgeschehen ist aufgrund der Erstmaligkeit selten klar, welche Entscheidungen „richtig" oder „falsch" sind. Meistens liefert erst der Projektverlauf die Antwort. Menschen neigen dazu, Dinge, Situationen und auch Mitmenschen sehr schnell zu bewerten. Solche (vorschnellen) Bewertungen führen dazu, dass der Gesprächspartner in eine Verteidigungs- bzw. Rechtfertigungshaltung gerät (oder gehen muss). Passiert dies, ist ein Kreislauf von Vorwurf, Anklage und Verteidigung/Rechtfertigung vorgezeichnet.

Ein Beispiel zur Verdeutlichung: Die Aussage „Die Vorgehensweise ist falsch. So können wir das Teilziel nie in der vorhandenen Zeit erreichen. Das kann so nicht funktionieren" ist wenig hilfreich. Zielführender ist folgende Formulierung: „Diese Vorgehensweise halte ich für nicht zielführend. Unser Teilziel wird meiner Einschätzung nach so nicht erreicht werden können." Wörter wie „(nicht) zielführend" und „(nicht) angemessen" haben einen nicht so ausgeprägten Wertungscharakter wie die Wörter „richtig" oder „falsch".

Das Zurückstellen von Bewertungen führt zudem zu einer bewussten Trennung von Personen- und Sachebene. Dem Gesprächspartner wird verdeutlicht, dass er als Person respektiert wird (Personenebene), seine Herangehensweise oder Lösung das Projekt jedoch in diesem Moment nicht weiterbringt (Sachebene).

6. Killerphrasen enttarnen

Es gibt bestimmte Redewendung, die – einmal gefallen – die Kommunikation ins Stocken bringen und Frust verursachen.

- „Das haben wir noch nie so gemacht!"
- „Für Ihre Vorstellungen haben wir kein Geld/keine Zeit."
- „Damit kommen wir nie durch!"
- „Mit solchen Ideen machen wir uns lächerlich."

Killerphrasen werden – oft unreflektiert – geäußert. Sie dienen dazu, (innovative, neue) Vorschläge abzuwerten und schnellstmöglich zu Bewährtem zurückzukehren.

Killerphrasen lassen sich durch konkretes Nachfragen enttarnen. Durch die Frage „Ich kann ihre Meinung nicht nachvollziehen. Könnten Sie mir den Inhalt noch mal erläutern?" wird der Sprecher aufgefordert, sich intensiver mit dem Inhalt und der Wirkung seiner Aussage zu beschäftigen. Die Projektgruppe erkennt, was hinter der Aussage steckt.

7. Pausen zulassen

Kurze Pausen werden oft durch frühzeitiges Reden zerstört. Schweigen ist für viele Menschen schwer zu ertragen. Dabei sind kurze Pausen für zielführende Gespräche sehr hilfreich. Die Gesprächspartner können nachdenken und sich Zeit zum Reflektieren des bisherigen Gesprächsverlaufs nehmen. Einige Themen kommen erst durch Verarbeitung des Gesagten auf. Manches Gespräch würde wahrscheinlich wesentlich schneller zum Ziel führen, wenn sich beide Parteien Pausen zugestehen würden.

Vor diesem Hintergrund wird ersichtlich, dass erfolgreiches Projektmanagement ganz entscheidend von der Person des Projektleiters und seiner Fähigkeit abhängt, effektiv und motivierend zu kommunizieren und das Team zu führen. Ein Projektleiter muss menschlich (und fachlich) in der Lage sein, ein temporär zusammengesetztes Projektteam aus Personen mit unterschiedlichen Spezialkompetenzen auf ein Projektziel hinzuführen. Bei seinen Handlungen geht es letztendlich um das Ziel, den Projektfortschritt und –erfolg zu fördern.

4.2.2 Projektbesprechungen erfolgreich durchführen

Regelmäßige Projektsitzungen sind ein wichtiges Informationsmittel für den gesamten Projektverlauf. Die Vorteile liegen im schnellen Austausch von Informationen, den sofortigen Reaktionsmöglichkeiten und dem persönlichen Kontakt. Erkennbare Probleme können sofort analysiert und geklärt werden. Um sicherzustellen, dass alle auf dem aktuellen Stand sind, treffen sich Verantwortliche und Beteiligte eines Projekts regelmäßig.

In diesem Zusammenhang sind der sogenannte **Jour fixe** bzw. das regelmäßige **Teammeeting** sowie **Statusmeetings** von zentraler Bedeutung:

- **Statusmeetings**

  Statusmeetings rufen Projektleiter in der Regel mindestens einmal zu Beginn jeder Phase und einmal bei Phasenende ein. Je nach Bedarf können die Treffen wöchentlich, monatlich oder einmal im Quartal abgehalten werden. Zum Statusmeeting lädt der Projektleiter im Allgemeinen nicht das ganze Team ein sondern den Projektsponsor und die Mitglieder des Lenkungsausschusses. Auf der Agenda stehen zentrale Aspekte wie der Projektstatusbericht (s. o.), Entscheidungen und Maßnahmen zur Steuerung oder Planänderungen. Auch werden in diesem Rahmen Probleme und Lösungsansätze sowie offene Fragen besprochen.

- **Meetings mit dem Projektteam**

  In den regelmäßigen Teambesprechungen (Jour fixe) werden nicht nur Informationen, die das ganze Team betreffen, ausgetauscht (Projektstatus, Arbeitsergebnisse oder bestimmte Maßnahmen etc.), sondern auch Ideen oder Probleme besprochen und Lösungsvorschläge diskutiert. Ggfs. treffen sich in einem eigenen Rhythmus die Teams der jeweiligen Teilprojekte.

Gelegentlich kommt der Eindruck auf, dass Projektsitzungen nur stattfinden, weil

- der Projektleiter dies so möchte,
- der Projektleiter möglicherweise Angst vor Alleinverantwortung hat,
- der Standpunkt (des Projektleiters, des Mitarbeiters, des Auftraggebers) bestätigt
- werden soll oder einfach weil
- Team- und Projektsitzungen im Unternehmen „in" sind und einfach dazugehören.

Um diesem Eindruck entgegenzuwirken, muss der Zweck und das Ziel der Projektsitzung vor der Sitzung geklärt werden und den Beteiligten bekannt sein.

Projektsitzungen werden immer dann als sinnvoll wahrgenommen, wenn

- Informationen mit der notwendigen Klarheit mehreren Personen zeitgleich vermittelt werden können,
- unterschiedliches Wissen der Teilnehmer eingebracht, diskutiert und optimal genutzt werden kann,
- komplexe Sachverhalte inklusive möglicher Folgen deutlich gemacht und weiterentwickelt werden sollen,
- durch Nutzung des Urteilsvermögens der Teilnehmer Entscheidungen effizienter, eindeutiger und klarer entwickelt, gefällt und nachvollzogen werden können und
- das Bewusstsein, am Informations- und Entscheidungsprozess beteiligt gewesen zu sein, motivierend wirkt,
- es Ergebnisse gibt, die den Beteiligten weiterhelfen,
- das Kennenlernen die (virtuelle) Zusammenarbeit erleichtert,
- sie dem Abbau von Vorurteilen und dem Ausräumen von Missverständnissen dienen.

Effiziente Projektsitzungen sind gekennzeichnet durch eine optimale Vorbereitung, eine konsequente, zielführende Durchführung und eine nachhaltige Ergebnissicherung.

Beachten Sie vor diesem Hintergrund auch die folgenden Punkte:

- Der Besprechungsraum sollte eine kreative Atmosphäre und ungestörtes Arbeiten ermöglichen. Als Ausstattung sollten Visualisierungsinstrumente wie Flip-Chart, Whiteboard und Beamer zur Verfügung stehen.
- Legen Sie eine Tagesordnung fest.
- Gehen Sie stets gut vorbereitet in jedes Meeting und fordern Sie dies auch von Ihrem Team.
- Sorgen Sie für einen geregelten Ablauf und achten auf die Bearbeitung der Tagesordnungspunkte sowie die Einhaltung der Spielregeln.
- Lassen Sie jede Sitzung protokollieren, beispielsweise per To-Do-Liste inklusive einer Liste der offenen Punkte. Dieser Aktionsplan legt fest „Was?“, „Wer?“, „Bis wann?“ erledigt haben soll. Diese Vorgehensweise schafft ein größeres Verantwortungsgefühl bei den namentlich genannten Teilnehmern. Weiterhin lässt sich während der nächsten Besprechung leichter überprüfen, welche Aufgaben zwischenzeitlich erledigt wurden.

4.2.3 Teamregeln zur Verbesserung der Zusammenarbeit und Kommunikation

Synergieeffekte im Rahmen der Teamarbeit treten nur ein, wenn gewährleistet ist, dass

- Konsens über die Ziele besteht,
- Einigkeit über die Vorgehensweise herrscht,
- gemeinsame Normen befolgt werden,
- Rollen und Rollenverteilung geklärt sind.

Das Team kann sich auf bestimmte Grundsätze, Verhaltensweisen und Arbeitsprinzipien einigen, damit der Umgang miteinander fair verläuft und die Teamarbeit eine soziale und belastbare Grundlage hat.

Als **Orientierungshilfe** können die nachstehenden Punkte dienen, welche Sie nach Belieben ergänzen oder erweitern können:

- **Verhalten im Projekt**
    - Jedes Mitglied unseres Projektteams ist gleichermaßen für das Gesamtergebnis verantwortlich
    - Alle verpflichten sich, vorgegebene Zeiten und Abliefertermine einzuhalten. Ist dies im Ausnahmefall bei triftigem Grund nicht möglich, so muss die Verzögerung umgehend und zeitnah an den Projektleiter gemeldet werden.
    - Die Teilnahme am Haupt-Projektmeeting ist verpflichtend.
    - Mindestens einmal pro Woche findet ein Projektmeeting statt.
    - Pünktliches Erscheinen ist erwünscht.
    - Die Teilnahme wird vorausgesetzt, Abmeldungen sind mindestens einen Tag vorab der Gruppe mitzuteilen.
    - Telefonate während des Meetings sind unerwünscht. Die Genehmigung des Projektleiters ist erforderlich.
    - Die Besprechungspunkte werden vorab vom Projektleiter festgelegt und mitgeteilt. Die Agenda ist einzuhalten.
    - Anwesende sind stimmberechtigt; es gelten Mehrheitsentscheidungen; der Projektleiter ist vetoberechtigt.
    - Jedes Meeting zielt inhaltlich darauf, das Projekt voranzutreiben, den aktuellen Stand zu erfassen und weitere Schritte festzulegen.
    - Es wird ein Meeting-Protokoll mit neuen und aktualisierten Aufgaben- und Terminzielen erstellt und allen Projektteam-Mitgliedern zeitnah zur Verfügung gestellt.

- **IT-Einsatz**
    - MS Office ist für alle Artefakte des Projekts anzuwenden
    - MS Project ist für die Projektplanung zu verwenden

- **Projektdokumentation**
  - Die zentrale Ablage aller Artefakte erfolgt am Server-Laufwerk
  - Im Schriftverkehr ist immer der Projektschriftkopf zu verwenden
  - Es sind die auf dem Serverlaufwerk hinterlegten Formblätter zu verwenden
  - Bearbeitete Dokumente werden auf dem Server zur Freigabe/Weiterbearbeitung hinterlegt
  - Jedes Projektmitglied hat auf dem Server einen eigenen User-Ordner, wo sich zu bearbeitende Aufgaben und für das nächste Meeting vorbereitete fertiggestellte Dokumente befinden.
  - Freigegebene Dokumente werden vom Projektleiter in den dafür vorgesehenen Projekt-Dokumentations-Ordner verschoben und dabei als PDF-Datei gesichert.
  - Artefakte werden grundsätzlich im MS-Office Format abgespeichert.
  - Alle Dokumente werden auf der Basis der Dokumentvorlagen erstellt und anschließen eindeutig benannt
  - Dokumente zu Teilprojekten und Arbeitspaketen werden nach der Struktur des Projektplanes und ihrer Zugehörigkeit sowie Reihenfolge durchnummeriert und benannt. Auf dem Dokument selbst ist der Autor, die Versions-Nummer Die Vertraulichkeitsstufe und das laufende Datum in der Fußzeile zu aktualisieren.
  - Dokumentennamen und Nummerierungen orientieren sich an den bereits vorhandenen Dokumentvorgaben sowie am Projektstrukturplan.

- **Projektmarketing**
  - Nach außen wird immer positiv über der Projekt geredet, Probleme werden intern behandelt und gelöst
  - Neue Ergebnisse werden von allen Projektteammitgliedern

4.2.4 Das Team kompetent führen

Eine weitere wichtige Voraussetzung für effiziente Teamarbeit ist, dass der Projektleiter von seinen Mitarbeitern akzeptiert wird.

Das Team erwartet von ihm u. a.:

- eine klare und gerechte Delegation der Aufgaben,
- einen Arbeitsstil, der sich durch begründen statt befehlen manifestiert,
- Transparenz bei der Entscheidungsfindung,
- Kooperationsfähigkeit,
- Kommunikationsfähigkeit,
- fachliche und soziale Kompetenz.

Ohne Führungsleistung ist Projektmanagement nicht zu realisieren. Führung und Motivation von Teammitgliedern bedeutet in diesem Zusammenhang aber auch, das Projekt als Ganzes zu sehen und jedem Mitarbeiter aufzuzeigen, worin sein individueller Beitrag liegt. Diese Grundidee kommt am besten in der „Geschichte von den drei Steinmetzen" zum Ausdruck: Drei Steinmetze wird die Frage gestellt, was sie eigentlich tun. Der Erste antwortet: „Ich verdiene meinen Lebensunterhalt". Der Zweite meint: „Ich mache die beste Steinmetzarbeit im ganzen Land". Der Dritte aber erklärt visionär: „Wir bauen eine Kathedrale". Idealerweise gelingt es dem Projektleiter in diesem Sinne, jedem einzelnen Teammitglied verständlich zu machen, welchen Beitrag er zu eben diesem Ganzen leistet – also bildlich die „Kathedrale" zu sehen und mitzuhelfen, sie zu bauen.

Aus dem umfangreichen Fundus von **Führungstechniken**, welche im Rahmen der Führung von Teammitgliedern in Betracht kommen, werden aus Platzgründen nachfolgend einige zentrale und in der Praxis bewährte ausgewählt und kurz skizziert:

- **Delegation**

  Im Rahmen von Projektmanagement heißt Delegation, die Verantwortung und Kompetenz für die Erfüllung einer Aufgabe mutig dorthin zu verlagern, wo professionelle Kompetenz und Motivation zur Erfüllung dieser Aufgabe vorhanden sind.

Delegation ist für viele Vorgesetzte ein Risiko. Sie trauen ihren Mitarbeitern nicht zu, dass sie Aufgaben kompetent erfüllen. Da dieses Zutrauen fehlt, kommen die Mitarbeiter niemals in die Lage, es zu rechtfertigen. Dieser Teufelskreis muss durchbrochen werden.

Wie gelingt Delegation? Das Schlüsselproblem für Delegation ist exakte Beschreibung von Aufgaben und Zielen, deren Erfüllung an diesem Arbeitsplatz erwartet werden. Wenn man das "Was" exakt beschreiben könnte, darf man bei Mitarbeitern, die in ihrer bisherigen Tätigkeit gezeigt haben, dass sie verantwortungsvoll handeln, die Erfüllung des "Wie" erwarten.

In diesem Zusammenhang gibt es eine Art Dreieinigkeit zwischen Aufgabe/Zielen, Verantwortung und Kompetenzübertragung. Wenn man also Mitarbeitern mehr verantwortungsvolle Aufgaben überträgt, muss man ihnen nicht nur die Verantwortung übertragen, sondern auch die Kompetenzen, die Aufgabe auszuführen und die Ziele erfüllen zu können. Der Mitarbeiter muss dabei ein Mitspracherecht bei der Planung und Kontrolle der Tätigkeit, die er durchführt, erhalten. Wenn man ihm Selbstkontrolle seiner Arbeit im Rahmen von Projektmanagement delegiert, dann muss er ein gewisses Mitspracherecht auch bei der Gestaltung dieser Tätigkeit haben. Wenn er Arbeitsmittel und Arbeitsmaterial verwalten soll, muss er einen Einfluss auf die Bestellung dieser Mittel ausüben können.

Delegation ist eine Schlüssel-Führungstechnik im Projektmanagement-Prozess. Wenn es gelingt, die Verantwortung und Kompetenzen für die Durchführung der Arbeit dem Ausführenden zu übertragen, ist ein wesentlicher Schritt in der Verwirklichung von Projektmanagement gemacht.

- **PDCA (Plan, Do, Check, Action)**

P = Plane

D = Do (kompromisslos durchführen, was geplant wurde)

C = Check (Überprüfen, was man getan hat)

A = Action (was muss man verändern, was kann man verbessern?)

Dabei gilt, die Dinge nicht zu zerreden, sondern zu handeln. Überall gibt es Pläne, die für den Papierkorb gemacht werden. Wichtig ist, und das sagt die PDCA-Technik, dass definierte Probleme systematisch angegangen werden. Dies bedeutet auch, unternehmerisch zu handeln - die Dinge zu verändern und auch, Fehler zu riskieren. Aber hieraus kann man bekanntlich lernen.

- **Ziele vereinbaren und setzen**

Für die Führungskraft gilt: Wer keine eigenen Ziele hat, wird von den Zielen anderer beherrscht.

Andererseits gilt aber auch: Wer keine Ziele setzt, kann nicht erwarten, dass sich die Dinge bessern. Ziele vereinbaren und setzen ist eine primäre Führungsaufgabe. Die Kunst im Rahmen dieser Technik ist es nun, das Engagement und die Mitarbeit der Mitarbeiter an diesen Zielen zu gewinnen. Das Instrument hierfür ist das Zielvereinbarungsgespräch. Ein Zielvereinbarungsgespräch sollte folgenden Grundsätzen folgen:

- Ziel des Gespräches ist ein Vertrag. mit dem Mitarbeiter. Dieser Vertrag wird zwischen zwei Menschen auf der Basis von Treu und Glauben geschlossen.
- Die Leistung eines Mitarbeiters kann nicht mit der Leistung anderer Mitarbeiter verglichen werden. Der einzige zulässige Vergleichsmaßstab für den Mitarbeiter ist seine eigene Leistung im Laufe der Jahre.
- Das Zielsetzungsgespräch sollte sich an den Stärken des Mitarbeiters orientieren, nicht aber seine Schwächen hervorheben.
- Der Vorgesetzte ist in diesem Gespräch der Helfer/Coach seines Mitarbeiters: Zielvereinbarungen sind keine Einbahnstraßen. Der Vorgesetzte ist an der Zielerreichung ebenfalls

beteiligt, indem er dem Mitarbeiter Hilfe und Unterstützung gibt.

- Der Vorgesetzte sollte mehr zuhören als dass er spricht. Ziel eines Zielvereinbarungsgespräches muss es sein, den Mitarbeiter in die Rolle des Verbesserers zu bringen. Durch geschickte Gesprächsführung soll der Mitarbeiter der Agierende sein. Dabei geht man davon aus, dass ein Mitarbeiter selbst ein Interesse daran hat, seine Leistung zu verbessern. Also sollte der Vorgesetzte ihm dazu eine Chance geben und ihm, soweit es ihm möglich ist, dabei auch helfen.
- Ziele müssen messbar/überprüfbar formuliert werden. Bill Hewlett hat einmal gesagt "Was man nicht messen kann, kann man auch nicht verbessern." Zu hoch gesteckte Ziele kann der Mitarbeiter vielleicht nicht erfüllen; fragen Sie deshalb nach; ob er auch mit den genannten Zielen völlig einverstanden ist.
- Kein Gesprächsende ohne ein Feedback. Als Vorgesetzter sind Sie gut beraten, wenn Sie den Gesprächsverlauf nochmals Revue passieren lassen, die Vereinbarungen festhalten und dem Mitarbeiter versichern, dass Sie ihm helfen werden. Sagen Sie ihm, wie er auf Sie gewirkt hat. Ermutigen Sie ihn. Verstärken Sie sein positives Verhalten. Geben Sie ihm das Gefühl, dass er gut ist und besser werden kann.

Selbstkontrolle ist besser als Fremdkontrolle, auch bei der Überprüfung der verabredeten Ziele. Statt ständig nachzufragen "Wie weit bist Du?", sollten Sie ihn eher "selbst kommen" lassen. Er sollte ihnen berichten, wie weit sie mit ihren Zielen sind, was sie tun, was sie bisher erreicht haben. Ziele zu vereinbaren und ständig hierüber im Gespräch zu bleiben, ist für Projektmanagement unverzichtbar.

- **Survey-Feedback**

Um zu verstehen, wie Mitarbeiter gegenüber ihrer Arbeit eingestellt sind, sind Untersuchungen und Auswertungen durch die Führungskräfte (Survey-Feedbacks) eine Möglichkeit, Ansätze für Verbesserungen zu entwickeln.

Survey-Feedbacks sind Instrumente, die Führungskräften im Unternehmen widerspiegeln, welche Chancen bestehen, die Kooperation der Mitarbeiter zu gewinnen: Sie legen den Finger auf bestimmte Probleme, die im Unternehmen existieren.

Was versteht man unter einem Survey-Feedback? Ein Survey-Feedback ist eine gut vorbereitete Befragung einer repräsentativen Gruppe von Mitarbeitern zu ihrer Arbeits-/Führungssituation. Die Auswertung dieser Untersuchung steht den Führungskräften zur Verfügung mit dem Ziel, hieraus z. B. Folgerungen für die Organisation der Arbeit, von Arbeitsumgebungsfaktoren und für ihr eigenes Führungsverhalten zu ziehen.

Mitarbeiter können mündlich oder schriftlich befragt werden. Beide Methoden haben Vor- und Nachteile, die aber hier nicht diskutiert werden sollen:

Sowohl bei der mündlichen wie bei der schriftlichen Befragung ist ein zu validierender Fragensatz auszuarbeiten, welcher die vorgenannten Kriterien-vollständig abdeckt; für den Befragten eindeutig und methodisch zuverlässig ist. Sodann werden Befragungen durchgeführt, wobei man vielfach mit dem Instrument der Kontrollgruppe arbeitet.

Survey-Feedbacks sind teuer, und deshalb muss man die in sie investierten Kosten und Zeit nutzen. Wissen, wie die Belegschaft denkt, ist die eine Seite; konkrete Folgerungen aus diesem Wissen zu ziehen, die andere.

In vielen führenden internationalen Unternehmen sind Survey-Feedbacks, ein nicht mehr wegzudenkendes Führungsinstrument, das den Projektmanagement-Prozess durch die wertvollen Informationen, die er liefert, unterstützt und befruchtet.

- **Coaching**

Der Begriff kommt aus dem Sport. Er hat verschiedene Bedeutung; nämlich: Trainer, Berater, Analytiker, Führer und Freund. Ein Coach bezieht seine Autorität aus seiner fachlicher Kompetenz und daraus, dass er eine natürliche Autorität besitzt, die er gegenüber Gruppen und dem Einzelnen zum Ausdruck bringt.

Was heißt Coaching nun für den Total Quality-Prozess? Wenn Mitarbeiter im Projektmanagement-Prozess arbeiten, brauchen sie Beratung und Anleitung zu verbessertem Handeln in der Arbeitssituation. Die Zeit für persönliche Gespräche muss sich der Coach nehmen, um in geschickter, psychologisch einfühlsamer Art und Weise zu beraten und dabei Stärken zu verstärken und Schwächen zu reduzieren. Positiv-Verstärkung hat sich als Methode des Coachings sehr bewährt. Persönliche Gespräche in freundschaftlicher, vertraulicher Atmosphäre helfen, hohe Ziele zu erreichen und schwierige Situationen im Projektmanagement zu überwinden.

Denken Sie bitte daran, wie es guten Trainern/Coaches gelingt, mittelmäßige Teams im Sport zu Höchstleistungen zu führen. Die Leistung jedes Menschen ist stets verbesserungsfähig. Der Projektleiter muss u. U. mit Personal arbeiten, welches verfügbar ist und kann es nur begrenzt auswählen. Er muss daher umso mehr daran arbeiten, die Leistungsfähigkeit aller Teammitglieder zu verbessern: Das ist Projektmanagement! Ein Projekt hat natürlich nicht nur 100%-Performer, sondern viele, die vielleicht nur 60&, 70& oder 80% ihrer möglichen Leistung bringen: Wenn es Ihnen gelingt, durch Coaching die Leistungsfähigkeit dieser Mitarbeiter auch nur um 5% anzuheben, haben Sie auf die Dauer einen enormen Beitrag zur Leistungsverbesserung geleistet.

Die Methode des Coaching-Gespräches sollte eher nicht-direktiv sein. Es ist besser einen Rat zu geben, wenn man danach gefragt wird.

Beispiel: Ein Vorgesetzter beobachtet, dass ein Mitarbeiter sich bei der Lösung von Konflikten im Betreuungsbereich schwertut. Er merkt, dass dies einen negativen Einfluss auf die Arbeitsleistung des Mitarbeiters hat; der Mitarbeiter wirkt bedrückt und initiativlos. Ein Coaching-Gespräch wird vom Vorgesetzten wie folgt begonnen: Habe ich richtig beobachtet, dass Sie einen Konflikt mit Ihrem Nachbarn hatten? Wie war das im Einzelnen? Er lässt sich den Vorfall genau schildern und fragt während der Schilderung nach

Details. Nachdem die Schilderung erfolgt ist, fragt der Vorgesetzte: "Wie haben Sie sich nach dem Krach gefühlt?" Der Mitarbeiter sagt, dass er sich sehr schlecht gefühlt habe und dass er eigentlich ein Mensch sei, der Konflikte gar nicht mag. Leider tue er sich sehr schwer, solche Konflikte zu bewältigen, aber es sei einfach notwendig gewesen, dem Kollegen die Meinung zu sagen.

Nachdem von beiden Seiten alle Beobachtungen zusammengetragen wurden, wagt der Vorgesetzte jetzt eine Analyse. Er benutzt hierzu beispielsweise Elemente aus der Transaktionsanalyse (einer Methode der Verhaltensschulung) und interpretiert den Konflikt aus verschiedenen Ich-Zuständen, aus denen heraus sich die Kontrahenten verhalten haben. Er endet mit der Frage: "Sehe ich das richtig?"; was vom Mitarbeiter bestätigt wird. Nun die Frage des Coaches: "Wie löst man solche Art von Konflikten?" Zuerst möge der Mitarbeiter sich hierzu äußern. Er entwickelt einige Gedanken dazu wie z.B. nicht emotional sein, das Problem sachlich darlegen, den Konflikt nicht in Stresssituationen austragen usw. Der Vorgesetzte bestärkt diese Lösungsversuche des Mitarbeiters und gibt weitere Hinweise, wie solche Konflikte sinnvollerweise ausgetragen werden können. In den nächsten Wochen gibt er dem Mitarbeiter Feedback und verstärkt positives Verhalten des Mitarbeiters in neuen Konfliktsituationen, die er beobachtet.

Beobachtungen von Fakten, auch im PM-Prozess, sollten Auslöser von Coaching sein. Coaching kann so zum Bestandteil des täglichen Führungsprozesses werden. Konkrete Fragen, die ein Coaching verlangen könnten, wären z. B. in der Projektmanagement-Prozessberatung: Warum kommen wir mit unserer Abfallreduzierung nicht voran? Was tun die Meister, um Fehlzeiten zu verringern?

4.2.5 Konfliktmanagement

Neue Projekte und Prozesse sind oft mit Konflikten verbunden. Projektmanagement ist damit auch immer zeitgleich Konfliktmanagement.

Entscheidend dafür, ob Konflikte auf positive Weise zu Wachstum, Weiterentwicklung und damit Fortschritt führen oder aber Stagnation und den Abbruch von Kontakten zur Folge haben, ist die Art und Weise, wie mit Konflikten umgegangen wird.

Obwohl Konflikte zur Teamarbeit und damit zum Projektmanagement gehören, beeinflussen sie den Projektverlauf in folgenden Punkten negativ:

- Arbeitsenergie wird in Konflikte investiert, anstatt sich auf Projektaufgaben zu konzentrieren und den Projekterfolg voranzutreiben.
- Konflikte können das rationale Denken einschränken, führen damit zu einem „Tunnelblick".
- Streitigkeiten werden nach außen hin erkennbar und schaden damit dem Image des Projekts.
- Konflikte eskalieren früher oder später (die Auswirkungen werden gravierender und lassen sich nicht mehr einfach bewältigen).
- das Klima im Projekt verschlechtert sich, es kommt zu persönlichen Angriffen,
- die das seelische Wohlbefinden der Beteiligten negativ beeinflussen und sogar krankheitsfördernd wirken.
- Konflikte können den Projektverlauf unnötig verlängern, stagnieren lassen oder zum Projektabbruch führen.

Konflikte können sich grundsätzlich ergeben zwischen:

- Projektmitarbeitern untereinander
- Projektmitarbeitern und Projektleiter
- dem Projektleiter mit einzelnem Projektmitarbeiter
- Auftraggeber und Projektleiter bzw. Projektgruppe
- Projektleiter und Linienvorgesetzte der Mitarbeiter
- Projektgruppe und Anwendern/Endnutzern
- Unternehmensleitung, Projektleiter /-gruppe und Betriebsrat

Neben dem grundsätzlichen Willen der Beteiligten den Konflikt lösen zu wollen, hängt es stark von der Persönlichkeitsstruktur ab, wie und wann der Konflikt bearbeitet und gelöst werden kann.

Nicht hinter jeder Meinungsverschiedenheit verbirgt sich ein Konflikt, der bewältigt werden muss. Durch Diskussionen lassen sich Missverständnisse klären, Unklarheiten aufdecken und Lösungen finden.

Für die Projektarbeit ist es durchaus weiterführend und zudem gesund für die Entscheidungsfindung, unterschiedliche Meinungen ernsthaft auszudiskutieren.

Konflikte hingegen können vorliegen, wenn

- sich Besprechungen ausdehnen und endlose Diskussionen ohne Ergebnis bleiben,
- Hilfsbereitschaft im Projektteam kontinuierlich abnimmt
- Fehlzeiten zunehmen,
- Äußerungen und Reaktionen gereizt wirken,
- dem Projektleiter über Probleme und Fehler eines Kollegen berichtet werden,
- Verbesserungsvorschläge und Kursänderungen auf massiven Widerstand stoßen.

Konflikte haben vielfältige Ursachen. Förderlich für die Konfliktlösung ist, wenn zunächst die Ebene und die genaue **Konfliktquelle** identifiziert ist und benannt werden kann. Diese „Namensgebung" zeigt schon frühzeitig die Interventionsrichtung an, zeigt auch auf, wo erste Schritte ansetzen können, die auf Einsicht und Klärung zielen. Unterschieden wird zwischen **Konfliktursachen auf der Sach- und auf der Beziehungsebene**. Konflikte müssen ernst genommen und gelöst werden. Schwellen sie über einen langen Zeitraum, beeinflussen sie Arbeitsatmosphäre und Projektergebnis auf negative Weise.

Zu den allgemeinen Grundvoraussetzungen der **Konfliktlösung** zählen:

- persönliche Betroffenheit und

- persönliche Konflikttoleranz.

Zudem unterstützen **individuelle Grundhaltungen** wie

- Gesprächspartner respektieren
- Existenz eines Konflikts erkennen und annehmen
- Zuhören wollen
- Den anderen das „Gesicht wahren lassen"
- Annahme, dass Interessensausgleich möglich ist (Metaebene).
- Bereitschaft Lösungsmöglichkeiten zu erfragen und
- der Wille, Lösungsmöglichkeiten anbieten

die Konfliktbewältigung. Weiterführend ist ebenfalls, die Beziehungsebene einzubringen und sich nicht hinter Sachargumenten zu „verstecken".

Konfliktbewältigungsstile orientieren sich im Allgemeinen an zwei Dimensionen:

- Orientierung an eigenen Ziele und Bedürfnissen
- Orientierung an Zielen und Bedürfnissen des Gegenübers

Folgende **Stile** können vor diesem Hintergrund unterschieden werden:

- **Gemeinsames Problemlösen**

  In dieser Ideallösung können beide Parteien ihre Wünsche und Bedürfnisse einbringen und zu großen Teilen realisieren. Es entsteht ein doppelter Gewinn: zum einen für beide Seiten auf der Sachebene (beide konnten ihre Aspekte einbringen, die alle realisiert werden) und zum anderen auf der Beziehungsebene (zwischenmenschliche Beziehung wird u.U. gestärkt). Diese Lösung kann auch als Gewinner-Gewinner-Methode gesehen werden.

  Diese Ideallösung lässt sich nicht immer umsetzen.

- **Durchsetzen**

Sobald jemand die eigenen Lösungen dem Anderen aufdrängt, wird er zwar seinen eigenen Zielen/Bedürfnissen gerecht, zerstört aber unter Umständen auf der zwischenmenschlichen Ebene viel, da die Argumente und Bedürfnisse des Gegenübers nicht bzw. nur zu geringem Anteil beachtet werden. Es handelt sich daher um eine Gewinner-Verlierer-Methode. Konfliktlösung durch „Zwang" kann zu Tage treten, wenn die Konfliktparteien auf unterschiedlicher hierarchischer Ebene stehen; beispielsweise Projektleiter – Projektmitarbeiter aber auch Unternehmensleitung – Projektleiter. Auch wenn der Sachkonflikt durch die klare hierarchische Regelung kurzfristig gelöst wird, weitet sich der Konflikt sehr wahrscheinlich in Zukunft auf die Beziehungsebene aus und kann damit den gesamten Projektverlauf beeinträchtigen.

- **Vermeidung**

Konfliktvermeidung bedeutet, dass Konflikte ignoriert und nicht ausgetragen werden. Dies verschlimmert Konflikte häufig. Keine Partei kann Ziele und Bedürfnisse durchsetzen, so dass bei beiden die Unzufriedenheit zurückbleibt. Zudem leidet die Beziehungsebene erheblich. Da Lösungen dem Zufall oder gar Schicksal überlassen werden, kann diese Methode als die Alle-verlieren-Methode bezeichnet werden.

- **Nachgeben**

Verzichtet eine Konfliktpartei auf ihre Ziele und Bedürfnisse und gibt dem „Wollen" des anderen nach, ist augenscheinlich wieder alles in Ordnung. Diese Verlierer-Gewinner-Möglichkeit führt dann zum Ziel, wenn dem „Nachgebenden" die Angelegenheit nicht viel bedeutet. Wird nur des „lieben Frieden willens" nachgegeben, bleiben negative Gefühle zurück, die die Beziehungsebene vergiften können. Nachgeben kann aber auch sinnvoll sein: Wenn die eigenen Wünsche und Ziele nicht zu stark davon betroffen sind, bringt der Gewinn auf der Beziehungsebene für längerfristige Zusammenarbeit im Projektteam durchaus positive Auswirkungen für mögliche zukünftige Konflikte.

- **Kompromiss**

  In dem Kompromiss wird ein Mittelweg gefunden, in dem Ziele und Wünsche von beiden Seiten einfließen, jedoch nicht vollständig befriedigt werden. Sofern eine für beide Seiten annehmbare Lösung gefunden wird, verliert und gewinnt bei der Alternative keine Seite. Kompromisse stimmen zwar nicht alle Beteiligten glücklich. Dennoch ist er oft die bestmögliche Lösung, denn er belastet die Beziehung weniger als die zuvor genannten Methoden.

Konfliktlösungsstile sollten je nach eigenem Naturell, der Situation und dem Gesprächspartner variiert eingesetzt werden. Mal führt ein Stil zum Ziel, demnächst ein anderer. Kein Stil kann damit als der einzig optimale gelten. Konflikte lassen sich häufig leichter bewältigen, wenn die Beteiligten zwischen den Stilen wechseln können.

4.3 Qualitätssicherung

Qualität ist – wie oben aufgezeigt – eine zentrale Dimension im magischen Dreieck des Projektmanagements.

Qualitätssicherung ist von großer Bedeutung, um u. a.

- die Zufriedenheit des Kunden bzw. Auftraggebers sicherzustellen,
- die Motivation der Mitarbeiter zu fördern,
- die Nachfolgekosten, welche z. B. durch Wartung, Reparatur u. a. entstehen können, zu minimieren,
- Projektrisiken zu minimieren bzw. zu vermeiden,
- das Image des Unternehmens zu optimieren,
- im Wettbewerb konkurrenzfähig zu bleiben.

Obgleich es keine allgemeingültige Methode gibt, um Qualität zu sichern, existieren diverse bewährte Managementinstrumente, welche sich in der

Praxis bewährt haben. In diesem Kontext kann beispielsweise Qualitätsmanagement auch in der Projektarbeit sinnvoll sein. Auch wenn wir an dieser Stelle aus Platzgründen nicht auf einzelne Instrumente eingehen können, soll kurz aufgezeigt werden, worauf es prinzipiell ankommt.

Folgende **Tipps zur Qualitätssicherung** haben sich in der Praxis bewährt:

- Stimmen Sie sich rechtzeitig und fortlaufend mit dem Auftraggeber über die erwarteten Qualitätsmerkmale ab und stellen Sie sicher, dass alle Stakeholder unter den schriftlich fixierten Merkmalen das Gleiche verstehen. Achten Sie vor diesem Hintergrund unbedingt auf die Ableitung von SMARTEN Zielen.
- Beziehen Sie stets das ganze Team und alle relevanten Stakeholder in die Qualitätssicherung ein. Jeder Einzelne muss sich für das Erreichen des Qualitätszieles verantwortlich fühlen.
- Setzen Sie ausreichend Meilensteine und führen Sie Qualitätskontrollen durch. Suchen Sie Wege, um die erreichte Qualität zu messen und zu beurteilen. Beteiligen Sie auch den Auftraggeber und ggfs. andere Stakeholder an den Qualitätsprüfungen.
- Achten Sie bereits in der Projektanfangsphase auf die Einhaltung der Qualität und steuern Sie Fehlern möglichst frühzeitig entgegen. Versäumte Korrekturen werden zum Ende hin immer teurer.

Auch ein **Review** (auch **Audit** oder **Qualitätscheck** genannt) ist ein Instrument der Qualitätssicherung und Fortschrittsermittlung. Überprüfen sie daher anhand einer individuellen Checkliste das bisherige Ergebnis und kommentieren Sie es. Ein Review ergibt eine Nachbesserung oder die Abnahme der vorliegenden Arbeitsleistung.

4.4 Change Management

Wie bereits erwähnt, laufen Projekte üblicherweise nicht entsprechend der ursprünglichen Planung ab. Wichtig sind daher die Verfolgung der eintretenden Änderungen sowie die sofortige Anpassung der Projektdokumente. Ebenso wichtig ist es sicherzustellen, dass alle Projektmitglieder mit der aktuellen Version der Dokumente arbeiten!

Im Einzelnen bedeutet Change Management:

- Identifikation einer notwendigen Änderung
- Beantragung einer Änderung beim Auftraggeber
- Verfolgung der beantragten Änderungen
- Initiierung der genehmigten Änderungen
- Einarbeitung der genehmigten Änderungen in die Projektdokumentation
- Durchsicht und Genehmigung aller Korrekturmaßnahmen, die keiner Genehmigung durch den Auftraggeber bedürfen

Letztendlich muss erreicht werden, dass

- die Notwendigkeit zur Ergreifung von Maßnahmen zur Einhaltung der Projektziele erkannt wird und ein Maßnahmenkatalog erarbeitet wird,
- die Auswirkungen eventueller (und teilweise konkurrierender) Maßnahmen vollständig und im Vorhinein abschätzbar sind,
- alle akzeptierten Änderungen an alle Projektbeteiligten kommuniziert werden,
- dass keine zusätzlichen Arbeiten ausgeführt werden, die nicht ausdrücklich im Vorhinein vom Auftraggeber schriftlich genehmigt wurden.

4.5 Zusammenfassung

- Der Stand eines Projektes kann nur unter Berücksichtigung von Termin-, Kosten- und Arbeitsfortschritt beurteilt werden. Eine isolierte Betrachtung eines Parameters verleitet zu falschen Einschätzungen.
- Regelmäßige Statusmeetings und effiziente Teambesprechungen halten alle Beteiligten auf dem Laufenden und geben Raum für Diskussionen und Fragen.

- Erfolgreiche Projektsitzungen müssen sorgfältig vorbereitet werden, um von den Teilnehmern als sinnvoll wahrgenommen zu werden.
- Ergebnisprotokoll und Aktionsplan sichern Entscheidungen und schaffen Verantwortungsgefühl für die Umsetzung der Beschlüsse.
- Kommunikation ist der kritische Erfolgsfaktor im Projektgeschehen.
- Projektkommunikation zählt zu den Soft Skills, die kaum bzw. gar nicht fass- und messbar sind.
- Kommunikationsprozesse in Projekten verfolgen drei Ziele:
  - Imageaufbau und –pflege
  - Information und
  - Integration der Beteiligten
- Zielführende Projektkommunikation wird durch Techniken und Regeln unterstützt.
- Es gibt viele Faktoren, die in der Teamarbeit motivierend wirken. Hierzu gehört eine passende Rollenverteilung im Team ebenso wie die Bereitschaft aller, das gemeinsame Ziel zu verfolgen. Der Projektleiter kann durch Fairness, regelmäßiges Feedback und effektives Konfliktmanagement dazu beitragen, dass das Team erfolgreich ist.
- **Konflikte gehören zur Teamarbeit und damit auch zum Projektmanagement.**
- Da Konflikte den Projektverlauf negativ beeinflussen, müssen sie offen angegangen und gelöst werden.
- Konflikte haben immer eine **sachliche** und eine **emotionale Dimension.** Die Konfliktursache ist oft schwer erkennbar. Beziehungskonflikte treten häufig als Sachkonflikte getarnt auf.
- Zu unterscheiden sind **fünf Konfliktbewältigungsstile**:
  - Gemeinsames Problemlösen
  - Durchsetzen
  - Vermeidung
  - Nachgeben
  - Kompromiss

5. Projektabschlussphase

Im Rahmen der letzten Phase sollte der Projektleiter den gesamten Projektablauf daraufhin untersuchen, ob die Ziele (Qualität, Kosten und Zeit) erreicht worden sind. Dabei sollten Sie nicht nur das Endergebnis wie beispielsweise ein Produkt im Fokus haben, sondern den gesamten Projektablauf.

Vor diesem Hintergrund fragt die Projektleitung:

- Wie war der Plan und wie ist das Ergebnis?
- Warum gab es Abweichungen?
- Welche zusätzlichen Ergebnisse wurden erzielt?
- Wie hat sich das Team entwickelt?

Der Projektleiter trägt die Verantwortung für den erfolgreichen Projektabschluss. Er und das Team werden am konkreten Erfolg gemessen.

Der Erfolg misst sich an folgenden Komponenten:

- Sind die Ziele erreicht worden?
- Wurden die geplanten Ressourcen eingehalten?
- Wurden die Termine eingehalten?
- Wurden die Kosten eingehalten?
- Haben die Ergebnisse eine ausreichende Qualität?

5.1 Abschlussbericht

Die Endabnahme des Projektes wird durch einen **Abschluss- oder auch Projektbericht** dokumentiert. Die Inhalte und Gliederung des Abschlussberichtes sind folgende:

- Projektdefinition: Beinhaltet die Projektidee mit Zielen, Beschreibung der Ausgangssituation und den kritischen Erfolgsfaktoren

- Projektplanung mit Projektstrukturplan, einem Netzplan oder Gantt-Diagramm mit Meilensteinen und kritischem Pfad sowie Termin- und Ablaufplan
- Projektdurchführung mit Soll-/Ist-Vergleich
- Projektabschluss mit Feedback

5.2 Abschlussmeeting

Ähnlich dem Kick-Off-Meeting, welches den Start eines Projektes repräsentiert, ist es für das Projektteam und den Auftraggeber wichtig, ein **Abschlussmeeting** zu veranstalten, bei dem gemeinsam über den Projektverlauf und die Ergebnisse gesprochen und diskutiert wird.

Tagesordnungspunkte sind entsprechend:

- Sind die Ziele erreicht worden?
- Sind die Rahmenbedingungen erfüllt worden?
- Wurden die Prämissen von Seiten des Auftraggebers eingehalten?
- Gibt es neue Anforderungen?
- Wer benötigt welche Dokumentation?
- Feedback

Für alle Beteiligten ist es wichtig und lehrreich, wenn man am Ende eines Projektes unabhängig vom Projektthema den Ablauf und die Teamatmosphäre bespricht.

Beispielsweise können folgende **Fragen** besprochen werden:

- Wo waren wir als Team gut?
- Wo hätten wir als Team noch stärker sein können?
- Wie habe ich als Teammitglied das Team empfunden?
- Wie hat das Team mich erlebt?
- Welche Lehren nehmen wir für das nächste Projekt mit?
- Feedback

5.3 Würdigung des Teams

Der Projektleiter hat die Möglichkeit, die Leistungen seiner Teammitglieder zu würdigen.

Dabei stehen verschiedene **Instrumente** zur Verfügung:

- Incentives: Anreize jeglicher Art, z.B. Prämienzahlung oder Urlaubstage, die schon im Vorfeld für einen erfolgreichen Abschluss angekündigt werden und so der Motivation dienen können
- Belohnung: Nach erfolgreichem Abschluss des Projektes, z.B. Esseneinladung, Lottoscheine, Eintrittskarten für ein passendes Event etc.
- Schriftliche Beurteilung, die die Teammitglieder zu ihren Unterlagen nehmen können

5.4 Zusammenfassung

- Zum Ende des Projektes gehören: Abschlusskontrolle und -bericht sowie Abnahme durch den Auftraggeber. Eine abschließende Teamsitzung und eine persönliche Bilanz ermöglichen es, Erfolge des Teams zu würdigen und Fehler zu erkennen, um daraus zu lernen.

Fazit – Übung macht den Meister

Projekte zu managen ist eine Kunst, welche geübt werden muss. Je mehr Übung Sie dabei haben, desto selbstsicherer und gewandter und letztlich erfolgreicher werden Sie bei Ihren Projekten sein. „Wer aufhört, besser werden zu wollen, hört auf, gut zu sein“ schrieb die österreichische Schriftstellerin *Marie Freifrau Ebner von Eschenbach*, eine der bedeutendsten deutschsprachigen Erzählerinnen des 19. Jahrhunderts. Nutzen Sie daher jede Möglichkeit, Ihre Technik zu trainieren, indem Sie bei jeder Gelegenheit – auch im Privatleben – bewusst und zielgerichtet die in diesem Ratgeber angesprochenen Strategien anwenden.

Selbstverständlich werden Sie auch nach der Lektüre dieses Buches noch nicht gleich ein Experte in Sachen Projektmanagement sein, jedoch werden Sie mit einer größeren Auswahl an Strategien und einer zunehmenden Sicherheit an entsprechende Situationen herangehen. Nutzen Sie die Ideen und Konzepte in diesem Ratgeber! Die meisten davon sind unabhängig vom Projektinhalt einsetzbar. Mit dem entsprechenden Wissen werden Sie manche Entscheidung und Situation besser einschätzen und nachvollziehen können. Sie werden sich kontinuierlich verbessern, andere Sichtweisen einnehmen und vollkommen neue Möglichkeiten realisieren. Mit dem erlernten und erarbeiteten Wissen haben Sie dafür die Grundlage geschaffen. Übung macht den Meister, in diesem Fall einen exzellenten Projektmanager, und durch gewissenhafte, situationsspezifische und zielgerichtete Anwendung der Prinzipien dieses Buches werden Sie zuverlässige Erfolge verzeichnen. Diese werden Sie wiederum bestätigen und motivieren, Ihren persönlichen Weg zu einem Experten immer weiter zu gehen.

Wie in der Einleitung geschrieben ist dieses Buch als eine Art Reiseführer auf diesem Weg zu sehen. Nehmen Sie ihn daher „unterwegs“ immer mal wieder zur Hand, um Ihre Kenntnisse über die Strategien und Konzepte effektiven Projektmanagements aufzufrischen, zu ergänzen und zu vertiefen. Hören Sie in diesem Sinne sprichwörtlich niemals auf, zu reisen und Ihren Weg weiterzugehen.

Für diese Reise und alle Ihre Projekte auf Ihrem Weg wünsche ich Ihnen alles Gute und viel Erfolg!

Ihr Marc Oliver Opresnik

St. Gallen im Februar 2023

Danksagung

Zunächst einmal möchte ich mich bei Ihnen bedanken, dass Sie mir ein Stück Ihrer Lebenszeit geschenkt haben, indem Sie diesen Ratgeber bis zum Ende gelesen haben.

Als nächstes danke ich allen meinen Interview- und Gesprächspartnern, deren herausragende Erfahrungen zu dem Thema Projektmanagement sowie der Kommunikationstechnik in besagtes Buch eingeflossen sind und welche mir wertvolle Ratschläge gaben: *Winfried Brüggmann* (Managing Director der Igepa group GmbH & Co. KG), *Stefan Dräger* (Vorstandsvorsitzender der Drägerwerk Verwaltungs AG), *Dr. Sandra Maria Gronewald* (Moderatorin und Journalistin), *Prof. Dr. Dr. h.c. Bert Rürup* (ehem. Vorsitzender der „Wirtschaftsweisen" und Präsident des Handelsblatt Research Institute), *Heinz Schelwat* (Geschäftsführer Sea & Sun Technology GmbH) und *Dr. Arne Wieben* (leitender Regierungsdirektor).

Ferner möchte ich allen Autoren danken, welche ich in diesem Buch zitiere bzw. deren Ideen in dieses Buch eingeflossen sind. Deren kluge Gedanken und großartige Bücher haben mich bereichert und inspiriert.

Die Inhalte dieses Ratgebers habe ich in vielen Trainings und Coachings und Seminaren an diversen Hochschulen und in zahlreichen Unternehmen und Institutionen im In- und Ausland erfolgreich angewandt. Durch das Feedback meiner Teilnehmer und Studenten war es mir möglich, die in diesem Buch dargelegten Strategien, Konzepte und Ideen immer wieder auf deren Praxistauglichkeit und Verständlichkeit zu testen. Ich danke deshalb allen Teilnehmern und Studenten für ihr offenes und detailliertes Feedback.

Zu guter Letzt bedanke ich mich ausdrücklich bei meiner Familie, welche mich bei diesem Projekt wiederum großartig unterstützt hat. Sie hat mich in den vergangenen Monaten sehr liebevoll und mit viel Nachsicht unterstützt. Ohne sie wäre das Schreiben dieses Buches nicht möglich gewesen. Ich weiß, was ich ihr verdanke!

Marc Oliver Opresnik

St. Gallen im Februar 2023

Geben Sie mir Ihr Feedback!

Vielleicht haben Sie beim Lesen an der einen oder anderen Stelle gedacht: „Ja, genauso habe ich es selbst oder bei anderen Projekten erlebt“ oder aber: „Nein, in meinen Projekten läuft das ganz anders“. Wie dem auch sei: Ich bin für Kommentare aller Art dankbar, besonders wenn sie mit konkreten Fallbeispielen untermauert sind.

Ein solches Feedback würde mir helfen, die nächste Auflage dieses Buches weiter auszubauen und zu verbessern. Ihre Meinung und Ihre Fallbeschreibungen werden selbstverständlich streng vertraulich behandelt. Sie können sie mir aber auch anonymisiert zusenden.

Vielleicht haben Sie auch Interesse an einem individuellen Seminarkonzept zum Projektmanagement für Sie persönlich oder Ihr Unternehmen? Gerne erstelle ich hier ein maßgeschneidertes Konzept für Sie!

Ich habe eigene Podcast/E-Lecture-Reihe bzgl. der Thematik „Projektmanagement“ für meinen YouTube-Kanal produziert. Diese basiert auf diesem Buch sowie entsprechenden Vorlesungen und Vorträgen.

Alle Teile stehen Ihnen kostenlos zur Verfügung - die Serie beinhaltet einen guten Einblick in die Themen!

Dieser Kurs – wie auch zusätzliches Material wie Lernvideos, Massive Open Online Courses (MOOCs), Dokumentationen, prämierte Werbefilme, Key-Note-Speaches und Vorträge zu diesem Thema und auch weiteren Sachgebieten finden Sie auf meinem YouTube Kanal:

https://www.youtube.com/c/OpresnikManagementConsulting

Ich würde mich freuen, wenn Sie den Kanal abonnieren, um immer über alle Aktualisierungen auf dem Laufenden zu sein.

Gerne können Sie sich auch über die entsprechenden sozialen Medien (vgl. u. g. Angaben) mit mir vernetzen.

In jedem Falle danke ich Ihnen im Voraus für Ihre Kontaktaufnahme und wünsche Ihnen allzeit viel Erfolg bei Ihren Projekten!

Prof. Dr. Marc Oliver Opresnik

Stellv. Institutsdirektor

Institut für Entrepreneurship und Business Development

Technische Hochschule Lübeck

Körperschaft des öffentlichen Rechts

Mönkhofer Weg 239

D-23562 Lübeck

Marc.Oliver.Opresnik@th-luebeck.de

https://www.facebook.com/MarcOliverOpresnik

https://twitter.com/MarcOpresnik

https://www.linkedin.com/in/marcoliveropresnik/

http://instagram.com/marcoliveropresnik/

www.opresnik-management-consulting.de

Literatur

Angermeier, G.: *Agiles Projektmanagement.* Verfügbar unter: https://www.projektmagazin.de/glossarterm/agiles-projektmanagement, zugegriffen am 5.4.2021

Anderson, D. J.: *Kanban: Evolutionäres Change Management für IT- Organisationen.* Heidelberg 2011

Anderson, D. J. und Carmichael, A.: *Die Essenz von Kanban kompakt.* Heidelberg 2018

Berkel, Karl: *Konflikttraining*: Konflikte verstehen und bewältigen. 3. Auflage. Heidelberg 1992

Birkenbihl, V. F.: *Kommunikationstraining.* 27. Aufl. Heidelberg 2006.

Bohinc, T.: *Projektmanagement. Soft Skills für Projektleiter.* 3. Aufl. Offenbach 2006

Böhm, J.: *Erfolgsfaktor Agilität: Warum Scrum und Kanban zu zufriedenen Mitarbeitern und Kunden führen.* Wiesbaden 2019.

Carnegie, D.: *Wie man Freunde gewinnt.* München 2004.

Carnegie, D.: *Besser miteinander reden.* München 1996.

Covey, S. R.: *Die 7 Wege zur Effektivität.* 17. Aufl. Offenbach 2010

Creusen, U., Gall, B. und Hackl, O.: *Digital Leadership: Führung in Zeiten des Digitalen Wandels.* Wiesbaden 2017.

Epping, T.: *Kanban für die Softwareentwicklung.* Berlin 2011.

Ganz, G.: *Neu präsentieren.* Frankfurt am Main 2010.

Goes, S. und Reski, A.: *Kommunikation.* Lübeck 2007.

Kanitz, A. v. und Scharlau, C.: *Gesprächstechniken.* 2. Aufl. Freiburg 2012.

Kotter, J. P.: *Überzeugen und Durchsetzen: Macht und Einfluss in Organisationen.* Frankfurt am Main 1987.

Kotter, J. P.: *Wie Manager richtig führen.* München/Wien 1999.

Küpper, W. und Ortmann, G. (Hrsg.): *Mikropolitik. Rationalität, Macht und Spiele in Organisationen.* 2. Aufl. Opladen 1992.

Kusay-Merkle, U.: *Agiles Projektmanagement im Berufsalltag: Für mittlere und kleine Projekte.* Berlin 2018.

Lay, R.: *Führen durch das Wort.* Berlin 2006.

Lay, R.: *Dialektik für Manager.* Berlin 2003.

Litke, H.-D., Kunow, I. und Schulz-Wimmer, H.: *Projektmanagement.*, 2. Aufl. Freiburg 2013.

Leopold, K. und Kaltenecker, S.: *Kanban in der IT: Eine Kultur der kontinuierlichen Verbesserung schaffen.* 2. Auflage München 2013.

Leopold, K.: *Kanban in der Praxis: Vom Teamfokus zur Wertschöpfungskette.* München 2017.

Lürssen, J. und Opresnik, M.: *Die heimlichen Spielregeln der Karriere.* 4. Aufl. Frankfurt am Main/New York 2014.

Navarro, J.: *Menschen verstehen und lenken.* 3. Aufl. München 2012.

Neuberger, O.: *Mikropolitik. Der alltägliche Aufbau und Einsatz von Macht in Organisationen.* Stuttgart 1995.

Neuberger, O.: *Mikropolitik und Moral in Organisationen. Herausforderung der Ordnung.* Stuttgart 2006.

Noll, P. und Bachmann, H. R.: *Der kleine Machiavelli. Handbuch der Macht für den alltäglichen Gebrauch.* München 2005.

Opresnik, M. O.: *Die Macht der Kommunikativen Intelligenz nutzen: Einfach intelligent erklärte Strategien und Taktiken für erfolgreiche Verhandlungsführung, Verkaufsgespräche und Präsentationen.* Lübeck 2020

Owen, J.: *How to lead.* Harlow 2005.

Owen, J.: *How to influence.* Harlow 2010.

Owen, J.: *Effektiv Führen.* Harlow 2006.

Preußig, J.: *Agiles Projektmanagement: Scrum, Use Cases, Task Boards & Co.* Freiburg 2015

Rosenberg, Marshall B.: *Gewaltfreie Kommunikation: Eine Sprache des Lebens.* Paderborn 2010.

Schulz von Thun, F.: *Miteinander reden 1: Störungen und Klärungen. Allgemeine Psychologie der Kommunikation.* 48. Aufl. Hamburg, 2010

Schulz von Thun, F.: *Miteinander reden 2: Stile, Werte und Persönlichkeitsentwicklung; Differentielle Psychologie der Kommunikation.* 33. Aufl. Hamburg, 2010

Schulz von Thun, F.: *Miteinander reden, Band 3: Das "Innere Team" und situationsgerechte Kommunikation.* 21. Aufl. Hamburg, 2010

Schwaber, K. und Sutherland, J.: *Der Scrum Guide. Der gültige Leitfaden für Scrum: Die Spielregeln,* https://scrumguides.org/docs/scrum-guide/v2020/2020-Scrum-Guide-German.pdf, zugegriffen am 10.01.2023

Seifert, J. W.: *Visualisieren – Präsentieren – Moderieren.* 24. Aufl. Offenbach 2008.

Seiwert, L. J.: *Mehr Zeit für das Wesentliche. Zeitmanagement neu entdecken.* München 2009.

Über den Autor

Dr. Opresnik hat an der Universität Hamburg Betriebswirtschaftslehre mit den Schwerpunkten Marketing, Personalwirtschaftslehre und Wirtschaftsenglisch studiert und anschließend über das Thema „Unternehmenskultur in den USA und Deutschland" promoviert.

Nach dem Berufseinstieg als Trainee im Tankstellenbereich bei der DEA Mineraloel AG war Herr Dr. Opresnik als Verkaufsleiter Tankstellen im Außendienst tätig. Nach zweijähriger Berufserfahrung als Senior-Referent „Shop-Sortimente Food" war Herr Dr. Opresnik im neu gegründeten Joint Venture Unternehmen „Shell & DEA Oil GmbH" innerhalb des Bereiches Tankstellen in der Marketingabteilung für den Bereich Business Development zuständig. Vom 1.7.2003 bis 31.10.2005 zeichnete Dr. Opresnik in der Abteilung „Retail Network Planning & Property" für die Entwicklung des Tankstellennetzes sowie der Wirtschaftlichkeitsanalyse von Tankstellen und Grundstücken verantwortlich. Vom 1.12.2005 bis 31.12.2007 war Herr Dr. Opresnik als Global Coordinator Project Planning in der weltweiten Strategie- und Portfolioabteilung der Shell International Petroleum Co Ltd in London tätig. Im Rahmen dieser Funktion war Herr Dr. Opresnik verantwortlich für die Planung, Steuerung und Koordination von weltweiten Strategien und Projekten und deren Implementierung an 45.000 Tankstellen in mehr als 130 Ländern. Dies beinhaltete die internationale Motivation, Koordination und Führung von mehr als 10.000 involvierten Mitarbeiterinnen und Mitarbeitern weltweit.

Seit 1.1.2008 ist Herr Dr. Opresnik Professor für Allgemeine Betriebswirtschaftslehre mit Schwerpunkt Marketing und Management an der Technischen Hochschule Lübeck sowie Gastprofessor an internationalen Universitäten wie der Judge Business School der Universität Cambridge, der Regent's University London oder der East China University of Science and Technology in Shanghai.

Herr Dr. Opresnik ist Autor zahlreicher Artikel und Fachbücher, u. a. des internationalen Marketing-Standardwerkes „Marketing – A Relationship Perspective". Zusammen mit Kevin Keller und Phil Kotler, dem bekanntesten Marketing-Professor der Welt, zeichnet er als Co-Autor für die deutsche Ausgabe von „Marketing Management", der „Bibel des Marketings", verantwortlich. Neben Gary Armstrong und Phil Kotler ist Herr Dr. Opresnik gleichfalls Co-Autor der globalen Ausgabe von „Marketing: An Introduction", einem der weltweit erfolgreichsten Marketing-Lehrbücher. Außerdem ist Herr Dr. Opresnik Mitherausgeber mehrerer Fachzeitschriften und fungiert als Gutachter für diverse Journals, u. a. „Transnational Marketing Journal", „International Journal of New Technologies in Science and Engineering", „International Journal of Management & Social Sciences" und „Innovative Marketing".

Seit 1.1.2013 ist Dr. Opresnik Professor für Marketing und Mitglied des Direktoriums am SGMI Management Institut St. Gallen, einer der führenden und renommiertesten Business-Schools der Welt.

Darüber hinaus wurde er am 1.3.2014 zum „Chief Research Officer" bei „Kotler Impact Inc.", dem global agierendem Unternehmen von Phil Kotler, ernannt. Er ist zudem als „Chief Executive Officer" für das Kotler Business Program sowie die Kotler Business Schools weltweit verantwortlich.

Herr Dr. Opresnik ist Inhaber des Beratungsunternehmens „Opresnik Management Consulting" und arbeitet als Trainer, Keynote-Speaker und Berater für zahlreiche Institutionen, Regierungen und internationale

Konzerne wie Google, Coca-Cola, McDonald‘s, Dräger, SAP, Porsche, Audi, VW, Shell, Unilever, Procter & Gamble, L'Oréal, Bayer, BASF und adidas.

Über 50 Millionen Menschen haben Herrn Dr. Opresnik als TEDx Speaker und Referenten auf Kongressen und Symposien und als Trainer in Seminaren zu Marketing, Vertrieb und Verhandlungsführung im In- und Ausland erlebt und von seinen Impulsen beruflich wie persönlich profitiert.

Mit seiner langjährigen internationalen Erfahrung zählt Marc Opresnik weltweit zu den renommiertesten Experten für Marketing, Strategisches Management und Verhandlungsführung.

Index

A

B

C

D

E

F

G

I

Q

R

S

T

U

V

W

Printed by Amazon Italia Logistica S.r.l.
Torrazza Piemonte (TO), Italy

52723583R00093